美 学 导 论

Introducing Aesthetics

［美］大卫·E.W.芬纳 著

汪 宏 译

重庆大学出版社

图书在版编目(CIP)数据

美学导论／(美)大卫·E.W.芬纳
(David E. W. Fenner)著；汪宏译. -- 重庆：重庆大
学出版社，2018.8
书名原文：Introducing Aesthetics
ISBN 978-7-5689-1214-3

Ⅰ.①美… Ⅱ.①大…②汪… Ⅲ.①美学 Ⅳ.
①B83

中国版本图书馆 CIP 数据核字(2018)第 150804 号

美学导论

[美]大卫·E.W.芬纳 著

汪 宏 译

策划编辑:唐启秀

责任编辑:杨 敬 版式设计:唐启秀
责任校对:夏 宇 责任印制:张 策

*

重庆大学出版社出版发行
出版人:易树平
社址:重庆市沙坪坝区大学城西路 21 号
邮编:401331
电话:(023) 88617190 88617185(中小学)
传真:(023) 88617186 88617166
网址:http://www.cqup.com.cn
邮箱:fxk@ cqup.com.cn (营销中心)
全国新华书店经销
重庆荟文印务有限公司印刷

*

开本:787mm×1092mm 1/16 印张:12 字数:173 千
2018 年 8 月第 1 版 2018 年 8 月第 1 次印刷
ISBN 978-7-5689-1214-3 定价:38.00 元

版贸核渝字(2017)第 010 号

❧ 中文版序 ❧

　　有人认为，作为一门学科的西方美学可以追溯到柏拉图，他首次对艺术的性质做了哲学评述。柏拉图的评述大都带认识论性质的意味，亚里士多德则对艺术性质和艺术标准进行了论述，因此有人可能认为，西方美学其实始于亚里士多德。柏拉图和亚里士多德运用的都是反应的方法。艺术出现之后，他们才来评论艺术。但这不足为奇，作为一门两千多年来发展得还算不错的学科来说，西方美学其实主要采用的也是反应的方法。美学的哲学思考就是对现实中艺术存在的反应。就像认识论的内容是对信念的评述、科学哲学的内容是对科学的评述、伦理学是对人们认为行为有对有错的事实的评述一样，美学则是对艺术的评述（或者说至少一开始是这样）。

　　有人说，哲学包括人类提出的那些最深奥的问题。如果不考虑文化背景，这种模糊的定义能否用于解释所有的哲学体系，对此我表示怀疑。然而，人们也会说，哲学包括的问题就是思考我们的经验中那些最核心、最深刻的因素。认识论思考的内容是信念，伦理学思考的内容是美德和正义，形而上学思考的是实在的本质。据此，美学——如果我们认为它最初侧重于艺术哲学——思考的内容则是人类表现的最纯粹部分。当然，艺术所表现的内容一直是探讨的热点且颇具争议，但是艺术是人类最纯粹表现的观点则几乎是人们的共识。艺术对象有用也好，无用也罢——像建筑就其本质而言就必须有用——以及艺术对象的功能性质是否应当被视作判断其是否是艺术作品或是否应当被视作评价艺术作品的标准，反正艺术作为艺术——就是强调直接且刻意地引起和激发感官的那些因素——自然而然地经由人类的

· 1 ·

创造力就直接产生了,艺术因此成为人类最纯粹的表现。

西方美学最初探讨的是艺术,在其两千多年来的发展过程中逐渐不再局限于艺术的范围。但是西方美学始于对艺术界定和解释的思考活动,并且现在的重心仍然如此。在西方的传统中,这些思考活动理所当然的目标是要通过界定意义来提升规范的论述。西方人向来对界定"艺术"和"艺术品"颇有兴趣——后来的兴趣转向了"审美""审美经验""审美属性"等;西方人一直饶有兴趣地解释,欣赏艺术的人在判断所欣赏的作品的品质时,为什么那么想要达到共性甚至达到普遍性;西方人想要搞清楚,如果他们有时把艺术对象和审美对象当作不同集合的成员时,那么谈到一件艺术作品的艺术价值时——或者说到一个审美对象的审美价值时,肯定的判断和否定的判断说明了什么。

这些年来"(美学)审美"这个词的意思本身已经有所变化。这个词原来最常用的意思(也许现在仍然是这个意思)指的是刻意地关注或注意:(1)对象的那些方面——对象指艺术对象,但也指除艺术之外的其他对象——此时,主体首先注意到的是对象的那些被感官直接感受到的属性(颜色、线条、形状、质感等),以及(2)经验的那些特征,在这种情况下,注意指向的主要是(如果不限于)即时的感官知觉(我之所以要说"首先",是因为我们用诸如颜色、线条等这些属性来推论诸如平衡、优雅、和谐这些"审美属性")。"(美学)审美"这一定义向来就没有完全地涵盖艺术哲学和美的哲学这两个领域的内容,因为自始至终就有许多美的(或丑的)对象和事件与艺术没有什么关系("艺术"一定是要被看作人工制造的、人为的)。西方自 20 世纪初以来——或许自毕加索(Picasso)在 1907 年创作《亚威农少女》(*Les Demoisellesd' Avignon*)以来——众多艺术作品要达到的目的便不再是实现美或创作美。用这种方法来界定"(美学)审美"这个词的一个不妥之处——鉴于说到哲学的这一领域时这个词的核心含义——就是它助长了那种认为某一形式主义观点必定正确的假设。这里特指的是狭义的"形式主义"。为了查明一个对象或一个事件的本体论地位,这种形式主义就要侧重分析人们即时感知到什么(譬如,这是不是艺术品)、分析对象在被恰当地称为"审美经验"的某种经验中的作用(譬如,我们的注意是不是仅仅集中在对象的那些被感官直接感受的方面）或者分析对作品品质的判断（譬如，我们对作品的评价只是基于纯粹感知到的对象的属性吗？）。表现为不同形态的形式主义在西方诞生以来就一直主导着美学这门学科，不过现在的情形就大不一样了。自19世纪末，甚至更早，人们认识到在界定对象的本体论地位以及判断它们的审美价值和（或者）艺术价值时，环境因素十分重要。"环境因素"可能包括艺术家的生活背景、作品创作时的文化和政治背景、作品创作的地点，以及诸如此类的因素。环境因素也可能包括观众看待作品这方面的因素，譬如作品是否宣扬了宗教、社会或伦理的思想，作品是否促使观众对作品的某些方面或对作品描绘的某些形象产生了认同。今日的形式主义虽并未凋零，但已如明日黄花。然而，西方人仍然继续在沿用"审美"（或"美学"）来指称哲学的这一分支领域，本书也正是对这一领域的一个简介。

我写这本书的目的就是要对这些定义性和解释性的思考进行回顾。尽管我认为美学这门学科取得的进展恰恰就体现在对那些问题的思考：理论家们提出新的定义和新的解释——以及举出理由来支持他们的观点，但我并不想把重心放在深入分析特定的理论或特定的理论家上面。相反，我想对美学的总体情况做一个概述，探讨问题本身及探讨这些问题的引人入胜之处，然后概述过去两千多年来西方人是如何来回答这些问题的。我希望通过本书，让读者可以找到一条有助于他们了解众多理论的途径——这些理论对艺术进行了界定和解释并且现在还在修正之中，最起码可以从中了解从柏拉图和亚里士多德开始的西方传统。

大卫·E. W. 芬纳

2017 年 12 月

✺ 译 者 序 ✺

　　大卫·E. W. 芬纳所著的《美学导论》是一本介绍西方美学的简要读本,这本书较为全面、简略且清晰地回顾、分析了西方美学传统自古希腊以来的主要观点,是美学入门读物中的佼佼者。

　　本书主要有这样几个特色。首先,在介绍西方的美学思想时,作者并非完全按照思想发展的时间顺序、单纯以人物为中心来展开讨论,而是以问题为线索,一步步探讨美学发展过程中遇到的种种问题。这种做法的好处是,可以使不同时期、不同人物的观点围绕同一个问题而串联起来,这既有利于读者了解美学思想承前启后的发展脉络,也有助于读者从整体上把握美学发展的总体趋势。其次,本书的撰写力图体现哲学研究的逻辑思辨的方法特点,始终把逻辑论辩置于问题的讨论之中。因此,作者在论述问题时,常常会从正反两个方面来陈述和质疑某种观点,这在充分展现哲学思辨论证魅力的同时,也有利于培养读者的逻辑思维能力。最后,在介绍、解释美学观点时,作者十分善于结合生活中的事例,使晦涩抽象的美学观点易于理解,从而增强了本书的可读性。此外,本书附录以纲要的方式呈现了西方美学的历史,简要、清晰地归纳了西方美学最重要的运动和哲学家的观点,并以时间顺序明晰地阐释了西方美学的历史变化。

　　本书分为"经验""对象及事件""意义"和"判断"四个部分。第一部分"经验"论述了审美经验的特点以及与审美属性和审美态度的关系。第二部分"对象及事件"从分析如何定义审美对象出发,对艺术定义的历史进行了梳理,强调了定义艺术的可能性及必要性;本部分同时从赝品、伪作和再现这三个方面探讨了艺术作品的创造和再创造的问题。第三部分"意义"讨论了艺术的意义问题,主要从观众和艺术家两方面分析了如何阐释艺术;本部分同时以淫秽艺术为例,对如何平衡艺术审查和艺术表现自由的关系问题进行了探讨。第四部分"判断"分析了美的判断问题,对定义"美"的三种传统方法作了回顾,并讨论了如何进行艺术评论和艺术批判的问题。

本书"论述清晰,学养深厚"①,既可作为本科生的哲学入门教材,也可作为美学、美育研究生的学习指导用书,对西方美学有兴趣的各界人士也可通过阅读本书受益。

---

① James McRae. Introducing Aesthetics (review). *Philosophy East and West*, Vol. 56, No. 3 (Jul., 2006), pp. 515–516.

目录

导　言

　　现在学习美学和艺术哲学恰逢其时。我们这一代人处在一个独特的历史时期，可以领略到艺术最具挑战性的发展时刻。我们处于杰出的美学家和艺术评论家亚瑟·丹托（Arthur Danto, 1986）称之为"艺术终结"的时代。之所以说艺术终结，部分原因是因为艺术的发展显而易见地对所有的艺术定义提出了挑战，其结果是真实生活与艺术、日常用品与艺术对象之间的界线被消解了。不管丹托是否正确，过去两个世纪以来艺术已经发生了很大的变化。我们在 20 世纪到 21 世纪交替之际来研究艺术的特点和发展变化，具有前所未有的优势。美学——美和艺术的哲学，经验的感性哲学——在诸如丹托这样的美学家的辛勤努力下，一直紧跟艺术的历史发展，力图回答历史提出的引人遐思的问题。

　　从西方的哲学传统来看，美学讨论大约起源于公元前 4 世纪的柏拉图（Plato）和亚里士多德（Aristotle）。但是在启蒙运动之前或大体上文艺复兴之后的这一段时间，除了新柏拉图主义的理论和中世纪的一些像圣·奥古斯丁（St. Augustine）的理论以及圣托马斯·阿奎那（St. Thomas Aquinas）的理论之外，美学并没有引起学者们的兴趣，或者说没有重新赢得受众的欢迎。对此不应该感到奇怪，因为艺术哲学一直在追随，或者说应当追随艺术生活和艺术世界。

　　本书力图对西方美学的历史传统作一个全面但却简要的介绍——做一张分类路线图。西方美学的历史传统从古代希腊人的论述到英国经验主义者的著述这期间具有连续性。从这一传统出发，我们尝试回答如下美学的传统问题：

　　对事物的审美体验是什么意思？

　　艺术是什么？

　　优秀的艺术是什么？

　　美是什么？

　　如何区分审美价值和美？

　　艺术对象是什么？

　　艺术评论家的作用是且应当是什么？

　　艺术所表现的道德、爱国主义、宗教和真理的作用是什么？

　　是不是应当审查所有的内容？等等。

　　从16世纪末到17世纪末，英国的经验主义者——夏夫兹伯里（Shaftesbury）、哈奇森（Hutcheson）、艾迪生（Addison）、艾利森（Alison）、凯姆斯（Kames）、休谟（Hume）、伯克（Burke）、杰拉德（Gerard）——大都在探寻趣味这一问题的答案，即，如何解释人们能够知道而且也确实清楚一个东西、一个对象或一件事情很美或具有审美价值？趣味讨论的后期和之后不久，西方的传统从英国转到了德国。在德国（实际上是在普鲁士），伊曼纽尔·康德（Immanuel Kant）继续研究趣味问题，随后是浪漫主义者叔本华（Schopenhauer）和尼采（Nietzsche）。从这个时候开始，现代美学开始向当代美学过渡，期间出现了跨越19世纪到20世纪的诸如托尔斯泰（Tolstoy）、杜威（Dewey）、桑塔亚那（Santayana）、克罗齐（Croce）和柯林伍德（Collingwood）等人物。

　　但是到了20世纪真正有意思的事情才开始出现，这个时候艺术和艺术家不断挑战过去对艺术的定义，或者说不断挑战艺术惯例，也就是"学术圈"对艺术的定义。抽象表现主义、达达主义、大众艺术以及一波又一波的艺术运动——在纽约、巴黎、伦敦——迫使我们重新思考如何去理解艺术的本质。我们扪心自问，艺术有本质吗？艺术有没有能够说得清楚的性质？能不能给艺术列出一个公式或给艺术下个定义？随着像马塞尔·杜尚（Marcel Duchamp）、安迪·沃霍尔（Andy Warhol）、罗伯特·劳森伯格（Robert Rauschenberg）和克拉斯·欧登伯格（Clase Oldenburg）这样的艺术大家的作品问世，那种认为艺术有别于日用品的观点已被艺术包括日用品的观点——诸如床、汤罐头、雪铲这样的日用品——所代替。

这种现象驱使一些美学家——比如莫里斯·韦兹(Morries Weitz)和保罗·齐夫(Paul Ziff)——否认艺术有唯一的本质属性。他们认为,对艺术进行恰如其分的定义是不可能的,因为无论艺术现在是什么样的,将来的艺术不会是现在的艺术样子。如果"艺术"是所有真正的"艺术作品"的集合并且应当包括诸如杜尚呈现的那些对象(雪铲、小便器等),那么"艺术"就不再那么好定义了。

这一挑战——也就是反本质主义者提出的艺术无本质的挑战——促使哲学界开始行动(而不是思考)。今天的美学家如丹托和乔治·迪基(George Dickie)不再把艺术看作艺术作品的集合,而是看作传统或惯例。丹托侧重艺术史以及艺术的传统,由此他指出所有艺术的共同点:所有艺术都在他所称的"艺术界"占有一席之地。迪基则侧重于艺术惯例,即人的惯例,惯例中的这些人观看艺术、展示艺术、创造艺术,他发现这种惯例把人们认为是艺术的各种各样的对象和事件联系了起来。

因此,对学习美学而言,如今确实是一个令人激动的时代,因为从艺术发展的历史来看,我们正处在一个大好时期。美学既面临挑战,美学研究的问题也富有成果。学习美学的学生有幸可以了解千姿百态的美学并做出自己的独立思考。美学的传统问题会一直存在,不会消亡,这也是为什么要学习或思考美学的原因。美学有各式各样的问题——有美学这个领域内讨论的问题,也有美学领域外讨论的问题,不过今天对这些历史悠久的问题的回答丰富多样。当然,美学的读者就有更多思考的余地。

在论述西方美学传统之前我还需要指出一点:我要稍微对"西方"的传统做个说明。毫无疑问,有众多哲学观点都论述到艺术和美,这些观点中有许多观点不属于西方传统,或只是和西方传统相近。只需要看看浩瀚的东亚艺术历史就会清楚,除了西方的观点之外,还有其他很多论述艺术的哲学思想。我之所以要提到这一点有两个理由。首先,在范围上本书不会涵盖全部的艺术哲学思想。确实,有充分理由严重质疑这样做的可能性。其次,建议爱思考的美学读者不妨了解一下西方传统之外的其他传统,眼中只有自己生活的传统未免狭隘。世界的范围很大,世界历史的范围更大。因此,读者在读了本书之后,在了解了西方的传统之后——也许这就是某个读者自己的传统——也许就可以去了解一下其他传统的思想。

第 1 部分　经　验

第 1 章　审美经验

1.1　"审美（的）"

　　我们经常会用到"审美（的）"这个词。多数情况下这个词是用来修饰"属性""对象""经验""态度"以及"注意"这些概念。"审美"既可以做形容词也可以做名词，不过做名词时，它是对另一种说法的简略的描述，是一种更精确的描述。举例说明，一个普通的东西被冠以"审美（的）"之名，一般来说，指的是（1）这东西既美又优雅、匀称等——就是说，它具有某些积极的审美属性——或者（2）它会带给受众某种审美经验，这种审美经验要么是现成的，要么以其他方式回馈给受众。"审美"用作形容词的话，定义这个词就是把它当作某些名词的修饰词来对待。这样问题就来了：修饰哪些名词呢？

　　使用"审美（的）"这个词的历史还要追溯到亚历山大·鲍姆嘉通（Alexander Baumgarten），他在 1735 年首次在一篇哲学论文中使用这个词，并用它来对形而上学或艺术心理学进行系统的解释。鲍姆嘉通认为，艺术的基础是"感性再现"，这不光与感觉有关，也与情感有关。如今我们倾向于认为审美与经验的感性层面有密切的关系。当然，说审美与经验的感性层面有密切关系对想要明确界定"审美"这个词的学生来说也不甚明了。但是，这至少缩小了可以讨论的范围。讨论"经验的感性层面"就是讨论经验，从这一点开始分析似乎较为妥当。我来说一下理由。

1.2　审美经验的基础性

思考一下用"审美"来修饰"态度",对了,为什么要从"态度"开始呢? 从 18 世纪到 20 世纪的很多哲学传统都在着重讨论"审美态度"。下一章会详细介绍这一传统。审美态度的传统强调这种现象,即,通过对某一特定观点的有意识地、主动地接受——通过审美态度——形成能够审美地评价某个对象的恰当条件,或者甚至形成能够审美地体验某个对象的条件(不同学者的目标不同)。

前段时间,我买了一张名叫《虎鲸之歌》的唱片[保罗·斯旁吉(Paul Spong)录制,拉尔夫·哈丁(Ralph Harding)制作,加州全程录音公司 1989 年出版]。这张唱片收录了虎鲸,或称为杀人鲸发出的声音。这些被录音的虎鲸或许生活在海洋世界公园或在北太平洋海岸附近。录音共有 12 个片段,分别录制的是这种鲸鱼在特定的活动或特定的情绪下发出的声音。声音是由一位科学家录制的,但他对这些声音附加说明时,既从科学观察的角度,也从音乐的角度进行了描述。现在的问题是:这张唱片记录的虎鲸的声音是不是音乐? 或者说,这些有趣的声音是不是只是大自然的杰作而已? 如果这些声音是音乐,那么它们是不是地球上这些最大的动物唱出的美妙歌声呢? 这些声音表达的是不是一连串交流的信息? 这些声音和用听不懂的语言唱的歌剧是不是一样的?

无论问题的答案是什么,有一点似乎是清楚的,那就是答案在很大程度上取决于人们希望从哪个角度去听这些声音。如果是一个动物学家,她听这些声音的目的可能是从鲸鱼的声音和行为的相关性去预测它们的行为;如果是一个语言学家,她听这些声音可能是为了发现什么模式;如果是欣赏音乐的人,她听这些声音可能纯粹就是因为她把这些声音当作音乐来欣赏了;如果是一个音乐评论家,她可能会去分析这些声音的形式特征,看看能不能发现什么模式,不过也许语言学家和音乐评论家发现的模式有所不同。

考虑到不同的兴趣和目的,作为普通人也好,或者上面提到的专业人士也好,人们听这些声音可能就是为了听到不同的东西。除了这种情况之外,一个人也可以毫不费劲地从不同角度来听这些声音。譬如说就会有这种情况:一个人认为她从鲸鱼的声音中听到了某种模式,听到了类似跑调的风琴声,听到了地球上最大动物发出的声音的那种气势,等等。

人们从不同角度去听鲸鱼的声音这一问题的重要性在于,听这些声音的某些经验具有审美性质,某些则没有。还有,听虎鲸的声音是否是审美经验——也就是说是否从某种宽泛的意义上说它们是音乐——是不是在很大程度上取决于,也许完全取决于听者选择以何种方式去听? 如果说听虎鲸的声音这种经验是审美经验的话,那么似乎很清楚的是,并非因为声音是这种鲸发出的声音,所以听到这种声音的经验就是审美经验,除非听这种鲸发出的声音的经验就是审美经验。有一点似乎很清楚,那就是听这些声音且有了审美经验是因为听者在听这些声音时采取了某种态度,这种态度使听声音的经验变成了审美经验。既然人们可以从不同角度来听这些声音,那么从有些角度去听明显就不是审美的,从某些角度(某一角度?)去听则是审美的。鲸的声音是否构成审美对象这一问题似乎与听者所做的事情有关,和听者对鲸发出的声音的态度有关。

18世纪以英国为中心的哲学传统侧重研究是否存在审美态度及审美态度的构成,19世纪以德国为中心,20世纪则以美国为中心。最初讨论的重心是人们如何作出正确的审美判断。夏夫兹伯里勋爵、弗朗西斯·哈奇森和伊曼纽尔·康德认为,如果人们有了审美的态度,就能够作出正确的审美判断。这一传统被亚瑟·叔本华以及近年的杰罗姆·斯托尼兹(Jerome Stolnitz)的理论所代替,他们的理论强调审美经验产生的条件。就是说,讨论的重心不是强调采取审美态度来达到作出正确的审美判断的目的,而是采取审美态度以便审美地经验——或者用更好的说法是,是为了产生审美经验。审美经验的内容包括审美对象或审美事件,只有当用审美的态度、从审美的视角去看待审美对象或审美事件的这种行为发生了,审美经验才会产生。

如果以上对这种传统的简要回顾还算恰当的话,我们就可以用一些不同层次的、"审美"或许能够修饰的名词来理解这种传统。审美注意就是直接对审美对象、审美事件或审美属性的注意。审美对象和审美事件是审美经验的内容。审美态度，或者更恰当的说法是，那种审美态度——如果有这种态度的话——就是使审美经验发生的态度（即使按照早期那种审美态度的目的就是作出审美判断的观点看来，审美经验在逻辑上仍然先于审美态度或审美判断——就是说，有这样一个假设，认为没有审美经验就不能进行审美判断）。从探讨"审美"的角度来看，基础层面就有两个因素：审美属性和审美经验。我认为，审美经验更具有基础性。

如果人们都有过审美经验——似乎这种假设不会有争议——那么在一定程度上人们对自己有过的经验哪些是审美经验、哪些不是审美经验会有一个区分的界线。这个界线也许很模糊，但那不重要。重要的不是要划出一条明确的界线来进行某种形而上的论证（对不同经验的差异的论证），而是只要划出一条具有说服力的、能够区分存在不同的经验的界线就够了。然后，按我们希望的和论据支持的或严或宽的界定，就可以对审美经验和非审美经验的差别进行分析了。

1.3　审美经验

10

首先我要说，一定不要认为所有审美经验都必须是积极的，或者会带来讨人喜欢的反应。我们可能在审美地经验某些对象时，但仍然会有感受到消极的经验。那种习惯性认为某物是审美的在审美意义上就是好的观点只是图方便而已，并不是定义。审美必须包括好的和坏的，否则审美经验就不完整了。譬如说你不喜欢杰克逊·波洛克（Jackson Pollock）①的作品，不过，当你在美术馆看他的作品时，你就是在欣赏他的作品，或者至少说是在审美地经验他的作品。你的这种经验就是一种审美经验。好了，因为你觉得他的作品没有多大价值，所以你的审美经验的深度就不够，但是由于你主观上是在追求一种审美经验，所以你的经验在某种程度上也是审美的。因此审美经验和审美

---

① 杰克逊·波洛克，美国画家，抽象表现主义运动的主要人物，以滴色画著名，参见第 6 章的介绍。——译者注

对象一样,既可以是好的,也可以是坏的,或者甚至是既不好也不坏。

有几种不同的理论对审美经验或特定的审美经验进行了讨论。这些理论有一个共同点:它们都试图指出所有审美经验共有的特性。一般情况下,人们在看戏剧、看芭蕾舞、听歌剧时,或在参观美术馆、博物馆时,或在花园闲逛时,会把自己的这种经验称作审美经验。当人们在修车、刷牙或上课时,在正常情况下就不会把这些经验称为审美经验。不把看戏剧、听歌剧等类似这些事情当作审美经验对待也是时有发生的,因此戏剧、歌剧这些对象并非天然就一定会成为审美对象。然而,我想要着重说明的是,日常生活中我们会对经验进行分类,把一些经验称作审美经验,另一些则不是。无论人们认为审美经验有没有本质,或有没有唯一的属性,人们对审美经验和非审美经验还是能够区分开来的。

对克里夫·贝尔(Clive Bell)来说,当人们在经验某个对象的有意味的形式时,审美经验就发生了。贝尔的观点代表了名为唤起理论的一种传统。这种观点认为,审美经验就是对象应当唤起观众的那种状态。如果某个对象具有某些重要的成分,然后就会激发观众的特定的反应,这种反应在唤起理论的支持者看来,就是审美经验。(我们将在本书的后面详细讨论贝尔的观点,因为他主要用有意味的形式来定义"艺术"。)

杰罗姆·斯托尼兹是 20 世纪的一位研究审美态度的理论家,对斯托尼兹来说,审美经验的特点在于无旨趣。无旨趣在审美态度理论研究的发展过程中,一直是解释审美态度的最盛行的观点。斯托尼兹想要揭示获得完全的或最充分的审美经验的方法。他首先指出,注意是有选择的。如果我们注意的焦点在实用方面,那么我们就会关注对象的功能。不过,如果注意的焦点不在有目的的、实用的方面,那么注意的焦点——也就是态度——就会是审美的。要把对象看作审美对象就是要用非实用目的的焦点来看待这个对象,就是要注意对象的"可感受到的"特点——只与我们如何感受对象有关的那些特点——无须注意其他东西。人们并不关心对象有什么功能或拿来有什么用,人们只关心对象本身,这就是无旨趣的意思。对斯托尼兹来说,这也是审美经验的本质。

约翰·杜威也许是 20 世纪早期对审美经验研究得最深入的哲学家。对杜威来说,审美经验就是最大限度地体现完整性的经验。他认为,所有经验在某种程度上都是审美的,经验的完整程度越深,就越具有审美性。具有高度完整性的个别经验就形成了杜威称作的整一经验①。每种成为整一经验的经验就是审美经验。这些经验与众不同,有始有终,完全而完满——简言之,就是具有完整性。此外,与斯托尼兹不同的是,杜威认为整一经验是对象与观者之间强烈的相互影响的过程。观者对其审美经验的对象非常感兴趣,这一点至少在表面上与斯托尼兹推崇的无旨趣有所不同。

最后要回顾的是门罗·比尔兹利(Monroe Beardsley)的理论。与杜威一样,比尔兹利也把美学的重点放在审美经验上。比尔兹利认为,如果人们关注于对象的形式和品质且这种经验具有完整性和愉悦性,那么人们的这种经验就是审美经验。我们关注的对象的形式品质包括强度、复杂和统一性,这些都和愉悦联系在一起。观者专注于对象的这些品质,然后在头脑里对这些品质进行再创造,这一过程的经验就形成了审美经验。

比尔兹利指出,广泛意义上的审美经验在某种程度上都依附于艺术的经验。这不是说人们只有在欣赏艺术作品之后才能欣赏一朵花或日落。通过仔细端详艺术,我们的注意力集中在使我们产生审美愉悦的那些方面,这些方面大体上可以从强度、复杂和统一来划分。在自然的审美经验中,或者说在花和日落的经验中,我们想要感受的正是这些因素。因此,艺术欣赏可以使我们对自然的审美经验进行更精确的定义或探索。

比尔兹利列出的审美因素不是来源于哲学思考,而是来源于人们在审美情景中的感受的真实描述。比尔兹利的审美因素列表以实际生活为基础,某一经验包括审美因素的某些方面就是审美经验。对比尔兹利来说,他认为构成审美经验的因素如下:

我目前倾向于认为下列经验的审美特性标准是适用的……

---

① 即 *an experience*,杜威特意用斜体来标注英文单词 an,以突出他所指的"整一经验"的特殊性。——译者注

（1）对象指向性。专注于知觉到或有意识地注意到的突出的客观属性（品质和关系），并有一种事情正得以恰当解决或已经得到恰当解决的感受，个体在此基础上甘愿接受对其精神状态的连续性的引导。

（2）自由感。从原先主要是忧虑过去和未来的状态中解脱出来，就是说，对所看到的对象感受到轻松与和谐感，或者通过对象的语义提示或隐晦的暗示而产生的轻松与和谐感，由此形成一种自由选择的氛围。

（3）情感超脱。与受到关注的对象保持一定情感距离的感受——某种情感的超然状态，这样即使面对阴暗和可怕的对象且感受强烈时，它们不但不会使我们感到压抑，反而会使我们认识到超越它们的力量。

（4）主动探索。因心智主动展现出来的积极力量的一种感受，因调和各种各样的潜在的矛盾冲突而产生的挑战感；因发现知觉对象之间、意义之间的联系而从紧张发展到欣喜的状态，一种对事物有所认识的感受（可能是幻觉）。

（5）完整感。人的整合感，排除干扰和分心的影响回到完整性的感受（但既通过包容的综合方法又通过排除的方法），即便在自我接纳、自我拓展中感到不安，仍会感受到与之相应的满足感。（Beardsley,1982:pp. 286,288）

这是一份详细的列表，在普通读者看来也许并没有什么不同凡响之处。但在某种程度上，正是因为这种详细的分类，我才将其引用于此。比尔兹利可能是迄今为止对审美经验解释得最为深刻的美学家。

比尔兹利和其他人认为存在审美经验，但不是所有人都同意这种观点。在审美经验这个问题上，乔治·迪基对比尔兹利进行了最犀利的批评，他认为审美经验没有本质的属性。迪基宣称，虽然总是存在各式各样的审美经验，但却没有什么统一的审美经验。他认为审美经验具有唯一特性的观点会招致它的反例，就像定义艺术或定义美会招致反例一样。

审美经验的支持者要做的事情是，观察所有那些正常情况下我们视作审美的经验——听歌剧、看芭蕾舞、看戏剧或听交响乐的经验；读小说或诗歌的经验；参观美术馆、博物馆，在海边或花园漫步的经验——然后再看它们有没有共同点。那么我们认为是审美经验的那些经验是否具有一个共同的本质呢？迪基认为没有。

迪基认为，审美经验在性质上和其他经验没有什么两样。修车或刷牙的经验在本质上和看戏剧或听交响乐是一样的。它们之间的差别不是性质的差别，而是焦点的差别。首先来说，我们有这种倾向，就是我们会根据不同的目的去关注对象的不同属性或不同方面。

迪基否认审美经验是一种本质不同的经验，在这点上尽管他也许是对的，但他无法解释我们为什么能够辨识且能够把审美经验归为一类。修车或修果汁机的经验也许可以根据想要关注的目的或关注的属性来分类，但是按照这种方法来对审美经验分类——根据审美经验的特定属性或根据人们的不同目的——就颇有争议。斯托尼兹等人辩称，对某个对象的审美观视无须考虑目的。

虽然我们或许得承认还没有搞清楚审美经验是否具有本质属性，但是我们还是能够把审美经验和其他经验区分开来。因此，探寻审美经验的共性还是有意义的。

1.4 审美属性

前面我说过，审美经验要比审美属性更具基础性，但我对审美属性尚未详细交代。一般来说，审美属性就是某个对象（或某个事件）的属性且个体引用这一属性来（1）为自己对这个对象的审美评价辩护或解释这种审美评价，或（2）解释为什么某种特定的经验会成为个体的审美经验，或解释自己对某个特定审美对象感兴趣的原因。

我们可以简便地从三个层面来理解审美属性。最高层面的审美属性被亚伦·古德曼（Alan Goldman,1992）称为"纯粹的价值属性"，即"美、崇高、丑、无聊"。中间层面的审美属性包括那些可以用来进行审美评价的属性，这些属性常常被用来佐证最高层面的审美属性的判断。中间层面的审美属性可能包括诸如平衡、勇敢、洁净、模仿、枯燥、优美、花哨、雅致、和谐、动人、新颖、独创、有力、逼真、平庸、生动及怪诞等词汇。最低层的审美属性由"基础"属性构成。任何感官正常的人都可以从对象上辨识这些属性。一般来说，人们认为存在着中间层面的审美属性，就会用基础属性来证明它们确实存在。基础属性包括颜色、线条、质地、类型、对称等因素。当然，哪些基础属性更有意义要依不同的艺术形式而定。在对待视觉艺术、音乐和文学时,人们会自然地偏重不同的基础属性。

有人也许会认为基础属性并不是真正的审美属性,这种观点提出了一个很有趣的难题。如果用一个定义来概括审美属性并将其限定在上述那些审美属性之中,这是非常困难的,或许是根本不可能的。这样说有几个道理。

首先,审美属性似乎与趣味的运用或审美评价有关。弗兰克·西布利(Frank Sibley,1959)就是这个观点,比尔兹利(Beardsley,1973)后来也提出类似的观点。你对审美属性的辨识似乎取决于你的自身的审美敏感性,取决于你的趣味。这意味着对审美属性下一个客观的定义是不可能的。这也意味着,如果西布利的观点是对的,那么严格地说基础属性就不是审美属性。

其次,如果承认基础属性也是审美属性,那明显的就是,我们也可以说与审美经验有关的任何客观属性都可以是审美属性。这样说来,所有有助于形成审美经验的属性都不应当被排除在(可能的)审美属性之外。例如,了解莫扎特(Mozart)作曲时的环境以及他使用的乐器就会提高欣赏他的音乐的兴趣。另一个例子是,如果知道某部电影已被提名奥斯卡金像奖,那么观看这部电影的动机可能会更强烈,这种情况并不鲜见。辩称某些属性不是或不可能是审美属性这种说法似乎有悖于欣赏审美对象的目的。有些范围内的东西肯定不会带来最佳的经验,人们对此也许不感兴趣,但对任何可能有助于带来整体最佳经验的东西,我们则很可能愿意放宽范围,这样那些东西就很可能成为我们认可的审美属性。

最后,艺术对象的审美性质并不完全取决于感性特征,而是取决于认知特征,这样的艺术对象在 19 和 20 世纪多得很。马塞尔·杜尚的现成品艺术——譬如他的《断臂之前》(*In Advance of a Broken Arm*)在成为艺术对象之前就是一把普通的雪铲,还有他的《泉》(*Fountain*),原来不过是一个陶瓷小便器而已——以及约翰·凯奇(John Cage)的音乐——譬如《4 分 33 秒》(*4'33"*),就是一个音乐家在钢琴前静坐 4 分 33 秒——这些都是明显的例子。任何能够包容这些艺术作品性质的"审美属性"的定义,都不能只局限在感性这一方面。

对所有那些近年来出现的、被冠以"概念艺术"的对象来说,就不能仅仅用客观的表述来定义它们的审美属性。

从以上这些思考来看,用稳定不变的说法来定义"审美属性"较为困难,或许不可能。这也是为什么此前我说审美经验要比审美属性更具有基础性的原因。我们在解释某种经验何以成为审美经验时会用审美属性来引证,但反过来似乎则不是那么回事:只是因为一个对象具有审美属性未必就意味着对这个对象的经验是审美经验。第 3 章还会探讨这个问题。

第 2 章　审美态度

2.1　无旨趣

　　假设你和一个朋友去逛轿车市场,你想要买一辆轿车。你买车的目的是要把它当作上下班的交通工具,或许用来周末外出旅游,一年两次去看望父母什么的。因此,你是从以下这些方面来考虑你要买什么样的车的:这些车的安全性能如何? 是不是需要经常维修? 是否保值? 是否省油? 价格如何? 不过你的朋友关注的却不是你考虑的这些方面,他关注的是车的颜色、线条、大小、光泽度、材质、皮革。你的朋友说他认为你看的一些车相当"审美",另一些则不然。

　　你最关心的不是轿车的外观如何,你需要的是一辆性能优良且价格合适的轿车。不过,当你的朋友提到轿车的线条和颜色时,你的注意点就从轿车的功能转向了轿车的"审美"。也许你注意到轿车很平衡、很匀称,内外饰颜色相得益彰。但是当你的朋友指出一辆捷豹轿车具有"审美"特性时,你的注意点又迅速从轿车的"审美"性回到了轿车的不切实际性——囊中羞涩的学生买不起这种车。

　　这种从对某物的"审美"欣赏到功能的欣赏的转变,表现了对事物的审美态度和日常的或实用的态度的差异。你可以从机械工、销售员、潜在的消费者、高速公路巡警以及审美者等不同的角度来看待轿车。此外,你还可以在这些不同角度之间进行转换。按照这种转换的观点,当你向审美的角度转换时,你就有了审美态度。这种转换与轿车无关。人们无论是从审美的角度还是从机械的角度去看轿车,轿车还是那个轿车,不会改变,改变的是观者的态度。

关键是要查明有了审美态度指的是什么意思。看似显而易见的是审美者的心理状态发生了转换,或者是注意的焦点发生了转换。但是,审美者转换到的新的心理状态是个什么状态呢?注意的焦点转换到什么地点去了?是不是有不止一种审美态度?从启蒙运动开始一直到现在,各种各样的理论试图查明审美态度的性质。此外,很多哲学家也对审美态度的说法提出了挑战,他们宣称并不存在审美态度这种东西。我们将回顾这两个阵营最为突出的观点。

关于审美态度的三个最重要的观点是:(1)要想获得审美经验就需要无旨趣态度的观点,主张这种观点的是伊曼纽尔·康德、亚瑟·叔本华和杰罗姆·斯托尼兹;(2)爱德华·布洛(Edward Bullough)的观点,他认为在我们对对象的欣赏和对象自身之间需要保持某种心理距离;(3)维吉尔·阿尔德里奇(Virgil Aldrich)的"把对象看作"或"印象地看作"的观点。审美态度最重要的批判者则是乔治·迪基。

审美态度是观者(或听者)主动且有意识地进入的一种态度或觉察状态,其目的是(1)使观者乐于接受已有的审美经验,且(2)将观者感知的对象从现实对象转换为审美对象。有了这个相当宽泛且行之有效的定义,我们就可以继续讨论审美态度了。首先要讨论的是无旨趣的传统。

2.1.1 无旨趣

在审美态度的理论发展过程中,无旨趣这一传统一直是用来解释审美态度的最热门的选项。夏夫兹伯里和弗朗西斯·哈奇森在论述美和趣味的理论时首次对无旨趣进行了讨论。这两位开启了推崇无旨趣的传统。(我们将在第8章"定义'美'"中详细讨论他们的观点。)德国思想家伊曼纽尔·康德和亚瑟·叔本华对无旨趣进行了深入探讨。在过去25年间,则一直是杰罗姆·斯托尼兹高举无旨趣的大旗。我们先讨论康德和叔本华的观点,然后再说斯托尼兹的理论。

把斯托尼兹和18、19世纪的这两个德国人相提并论并不意味着他只是重弹了德国人的老调。其实,斯托尼兹的理论要比德国人的理论精简得多。斯托尼兹的理论不像康德和叔本华的理论那样承载着宏大的形而上学的允诺。尽管两者有许多相似之处，但斯托尼兹的观点旨在结果，这与德国人的观点不同。康德的想法是要实现趋同的审美判断及解释或对审美判断及解释的普遍认同，叔本华的想法则是要确保从现象世界和意志统治的世界中逃脱出来，以便接近理念且进入现象世界背后的无意志世界。但是，斯托尼兹的想法是要做到更简单易懂，他试图探讨促使审美经验形成的方法。斯托尼兹的目标与当今多数，或者说与所有审美态度理论者的目标更为一致。

2.1.2 伊曼纽尔·康德

伊曼纽尔·康德的无旨趣概念强调把无旨趣理解为正确评价某物是否为美的必要态度。康德说，在审美的过程中，我们必须注意到许多事项，要想审美地经验对象，其中主要应该注意的是必须要对对象有无旨趣的态度。这种无旨趣不是说应当回避或无视对象，恰恰相反，运用于经验中的无旨趣是有趣的无旨趣。这种自相矛盾的表述问题出在对无旨趣的定义上。

康德说，"无旨趣"的第一层含义指的是对象当前的存在。当我们看待对象时不去关注对象实际的物理存在，我们就在无旨趣地看待对象。我们应当用好像一点都不关心对象的物理存在这种方式去看待对象；我们应当关心的只是对象的外观（广义上的"外观"——它必须也包括听觉和其他感觉）。

无旨趣这个定义的第二层含义是说，我们必须无旨趣地看待对象可能会有的任何功能。要无旨趣地看待对象，就不得把对象当作工具或当作任何有用的东西来看待。因此，假设杜尚的《断臂之前》（那把雪铲）挂在一月份的缅因州①的某个车库里，人们可能会把它看作一个有用的工具，但要审美地看待这把铲子，要无旨趣地看待这把铲子，人们就必须无视它的实际用途。人们必须只把它当作一个审美对象来对待，也就是说，只注意看待对象的经验中的某些因素，这些因素会带来更丰富的和更令人满足的审美经验。

---

① 缅因州（Maine），美国东北部的一个州。——译者注

第三层含义,无旨趣地看待对象意味着不得将对象做"任何范畴的划分"。我们必须只关注对象本身。因此,假设萨姆(Sam)要去看马奈(Manet)的作品,他就不应该从印象主义艺术的类别来评判作品,而是应当用对待这个对象就好像它与任何真实或想象的对象都没有联系一样。在某种程度上就是说,萨姆不得关注审美对象可能与现实世界的其他东西存在的外在关系。他必须只关注内在关系,就是那些以对象的形式存在的因素和以对象自身特点而存在的因素。

康德对无旨趣的喜欢和单纯的喜欢做了非常重要的区分。当我们单纯"喜欢"一个对象时,我们把喜欢它当作实现其他目的的手段,我们喜欢它是因为它能带给我们愉悦感——一种单纯愉悦的喜欢——或者说我们喜欢它是因为它能服务于一些其他的目的。我们把它当作工具价值来喜欢,也就是当作其他东西的价值来喜欢。然而,无旨趣的喜欢是纯粹的喜欢,不为其他目的。我们不是因为对象有工具价值才喜欢它,而是喜欢对象本身。

做到这三点,就算是真正意义上对审美对象的无旨趣欣赏了。康德认为,之所以要说"无旨趣的欣赏"是因为我们必须十分清楚且专注于对象的形象。一个人如果与对象相隔万里,那么他就可能与对象处于完全无旨趣的状态。不过,正如我们所看到的那样,康德不是这个意思。康德说的无旨趣并不是没有兴趣的意思。他的无旨趣有特别的含义,只有当观者非常感兴趣时——就是说,只对对象自身的形象非常感兴趣——无旨趣才会对审美观视起作用。如此看来,康德的无旨趣的概念在某种程度上只是要排除某些杂念。无旨趣既没有告诉我们应当如何欣赏,也没有给出一个能带来审美观视的公式。相反,无旨趣只是告诉我们不应当做什么。如果我们没有用非审美的方式来关注对象,我们的做法就是正确的,我们也就有了正确的态度,这样就能审美地欣赏了。(我们将在第 8 章"定义'美'"中对康德的观点进行更深入的讨论。)

2.1.3　亚瑟·叔本华

我们理解了亚瑟·叔本华的形而上学思想才能真正理解他是如何用无旨趣概念来解释审美地观视的。他的形而上学思想有两点值得注意。第一，叔本华是一个柏拉图主义者，他认为事物的本质存在于特定对象之外。第二，他相信意志，相信通过欲求表现出来的无所不包的世界之力。叔本华描述了三种摆脱意志的方法。一是做个禁欲者，二是成为哲学家，三是寻求获得审美经验。通过审美经验，就能认识理式或柏拉图所说的本质。我们超越了物质世界，就能领悟到精神世界。

思考艺术、审美地观视使我们能够摆脱意志的控制，摆脱意志的控制又是通过无旨趣地观视来实现的。这两种情况说的都是避免要做的事情，即通过无旨趣的观视来避免受到意志的控制。因此，严格地说，审美地观视就是在观视时要避免关注某些东西，要避免与欲求有关的那些因素。通过避免关注对象与其他方面的关系——叔本华所说的"事物的地点、时间、原因和消亡的因素"——人们就可以在欣赏对象时只考虑到对象本身，并且可能领悟到对象最真实的方面，由此专心致志就能发现对象中的理式。

与其他美学家不同的是，叔本华认定当我们采用无旨趣的审美态度时，无旨趣的观视实际上改变了被观视的对象。我们把观视的对象转化成了新的对象：转化成了审美对象。这使得叔本华的无旨趣理论比其他人（譬如康德）的理论更像是真正意义上的审美态度理论。虽然康德的理论是否属于审美态度的传统范畴还有疑问（因为他的研究兴趣主要是审美判断，不仅仅是审美经验），但叔本华的理论就属于审美态度的传统，因为对叔本华来说，审美态度使对象从一个普通的对象转变成了一个审美对象。

叔本华从把对象转变为审美对象这种角度来论述审美态度，这在审美态度理论者中并不多见。多数其他审美态度理论者的意思只是说，审美态度就是我们关注对象的那些一直存在的某些方面、某些关系、某些特性，但采用非审美态度时，这些因素就被忽略或被隐藏了。叔本华让审美者改变了对象的结构或对象的客观状态。这种情况得以实现，部分是因为观者在无旨趣地关注时和对象之间形成的密切关系。观者改变了对象，对象反过来也改变了观者。对象使观者超脱了尘世，使观者暂时进入了精神或理念的世界。

所以，无旨趣，也就是避免关注对象的某些方面，体现为多个层面。（1）它使观者能够审美地关注对象。（2）它把对象从普通对象转变为审美对象。（3）它使主体以己之力超越了尘俗的世界，沉思在本质的真实世界之中，即沉思在没有意志羁绊的世界之中。

然而，在摆脱意志的控制方面也许还可以再进一步。叔本华指出，虽然对任何审美对象的恰当的沉思都可实现摆脱意志的目的，但是通过对一种特殊的艺术形式的沉思才能最为真切地摆脱意志的控制。如果我们关注形式化的音乐，那么我们就不仅处于沉思理式的状态之中，更是处于沉思理式的最佳状态，这样就能更好地摆脱意志的控制。

当然，叔本华的理论可能有问题（自然这就如同几乎所有的哲学理论似乎都有问题一样）。然而，叔本华理论的问题并没有人们起初认为的那么多。他的形而上学很复杂，这一理论坚称存在两个世界，一个自然世界和一个超自然世界。还有，意志的概念以及坚信这种力量也是个问题，尤其是对 20 世纪末有着科学思维的学生来说更是如此。然而，即使我们不接受叔本华的形而上学理论，他的审美态度理论的核心内容仍然很有说服力且卓有成效，不会受到贬损。即使有人反对叔本华烦琐的形而上学理论，他的两点主要思想（1）存在审美经验，以及（2）普通对象向审美对象的转化，仍然成立。在审美态度传统的发展过程中，这些因素是审美态度形成理论的最核心的内容。此外，叔本华提出了一个明确的无旨趣的方法，他的理论就完完全全属于审美态度的传统（我们将在第 4 章"定义'艺术'"中更详细地讨论叔本华的观点）。

2.1.4　杰罗姆·斯托尼兹

斯托尼兹是无旨趣的传统观念在 20 世纪的主要捍卫者。然而，他与康德和叔本华有两点不同：（1）他没有对无旨趣做形而上学的论述；（2）他在论述无旨趣时没有（像康德一样）特别针对审美评价或审美判断。斯托尼兹感兴趣的是在哪种必要的情况下审美经验才会发生，因此宽泛地说，他的兴趣在心理或精神方面。

斯托尼兹首先指出，注意是有选择性的。我们会有意无意地注意到符合我们感受的各个方面，忽视与我们关注的东西无关的那些方面。如果我们的目的是要买一辆轿车,我们就会关注车的功能。但如果没有什么目的,我们对这辆车的关注就不是针对车的用途本身。当我们不带目的地观看时,我们就是把对象当作审美对象来关注,我们注意的是对象的可感受的特性,而不是其他方面。

斯托尼兹把审美态度定义为(1)无旨趣,(2)对任何对象的认同关注。像康德一样,斯托尼兹认为在审美地观看一个对象时,我们不应当关心对象可能的用途,而只应当关注对象本身。我们不得把对象当作有用的工具来看,而应把对象本身当作结果来看。

但是认同的概念是什么意思呢?斯托尼兹声称,为了欣赏对象就必须接受对象本身。就是说,为了审美地、不带目的地经验对象,我们必须只关注对象的外形特征且必须专注、用心。我们必须认同作品,否则无旨趣很可能就成了无兴趣了,这恰恰不是我们想要的结果。如康德所述,为了保持对作品的无旨趣就得对作品保持兴趣,这听起来很矛盾,但情况是,如果一开始我们没有兴趣,那么我们就根本没法去欣赏作品——或者更准确地说,没法审美地经验作品。如果我们把"兴趣"理解成"认同",把"无旨趣"理解为"无目的",这个矛盾也就化解了。

叔本华认为观者的态度把对象从普通对象转变成了审美对象,斯托尼兹把这一观点也引入了 20 世纪。如今这种观点的意思指的不是如叔本华所说的那样——对象经历了客观的变化,而是指那些会引起丰富审美经验的对象的特性——线条、形状、颜色、对称、平衡、和谐等特性——被隐藏了,只有当观者对对象采用审美态度时这些特性才会显现。

不带目的地观视对象不是说诸如创作者、创作时间、创造背景这些与对象有关的知识就无关紧要。如果有关对象的知识有助于我们获得审美经验——帮助我们欣赏,或使欣赏更丰富、更有收获——那么这些知识就可以接受。另外,斯托尼兹承认,观者以及观者对作品的经验决定了(至少对观者本人来说)对象的审美特性的深度或范围。如果有批评家不同意这一看法,那也无妨,观者没有理由在面对不同意见时改变自己的观点,这没有什么大惊小怪的。斯托尼兹对反驳批评家的意见并不感兴趣,但他同多数审美态度理论者一样,对观者的实际经验特别感兴趣。

斯托尼兹认为，为了获得审美经验而去关注对象的特性，这等于说关注对象时要怀有一种特别的目的，有人也许会反对他的这种说法。在审美观视时，动机或最初的目的是要注意对象的审美特性，或者准确地说，是要获得审美经验。既然在概念上可以很容易把无旨趣及认同关注的审美态度和审美经验区分开来，那么从审美态度的目的是引起审美经验这个意义上说，审美态度没有目的性就很难理解。这一矛盾不像"有趣的无旨趣"的矛盾那样容易化解。我们采取审美态度确实是为了获得审美经验，但也许斯托尼兹的意思是应当避免"无关的目的"。

2.1.5　对无旨趣的思考

有关审美态度的论述中有几种针对无旨趣的批评观点。其中乔治·迪基的广为人知的一种批评观点认为，似乎人们既能审美地观视——就是说，关注对象的审美特性——又能同时关注对象的一些外部关系，关注到与对象的非审美因素有关的一些方面。例如，我们可以既关注作品的审美特性，又可以关注此作品的道德观念（如果有的话）。斯托尼兹可能会认为，如果我们在读安东尼·伯吉斯的《发条橙》①时被其道德观点所困扰，我们就不能对这部作品审美地进行欣赏。但有的时候，道德观点对深入理解或欣赏像《发条橙》这样的作品而言至关重要。

斯托尼兹可以用"如果我们搞不明白，就可以"这种说法来解释这种情况。你可以回忆一下我们在前面提到，如果有关对象的知识有助于获得或丰富审美经验，那么这些知识就可以接受。就《发条橙》而言，道德观点对深入理解这一作品来说似乎就非常重要。也许因为我们在观视对象时必须要有认同感，所以纳入道德观点的做法是可以的。不过重点仍然在于：看样子我们不仅需要无旨趣来获得最佳的审美经验，有时也需要诸如道德、宗教或政治这样的其他态度来获得审

22

---

① 《发条橙》(*A Clockwork Orange*)是安东尼·伯吉斯(Anthony Burgess)于1962年出版的一本反乌托邦小说。——译者注

美经验。

　　这就引出了对无旨趣态度的另一种批评。有时候,有趣却有助于获得审美经验。以下面的为例:萨莉在看一部恐怖电影,这部电影基于《圣经》的启示和世界末日。(也许电影就是预兆。)如同康德、叔本华或斯托尼兹所说那样,萨莉只是采取无旨趣态度或许就能够很好地欣赏这部电影。如果她采用道德或宗教的态度,那么她甚至可能会更好地欣赏这部电影。但是,如果萨莉就是出于个人兴趣喜欢看这部电影又会怎么样呢? 如果萨莉个人就是认为——这似乎是说她非常投入——她所看到的就是末日将要真正发生的事情,那又会怎么样呢? 假设萨莉是一个基督徒且对导演或编剧对《圣经》的演绎信以为真,她也许真的会觉得她是在看一段预先录制的、关于末日将要真正发生事情的先知的叙述。在这种情况下,她理应比只是采取无旨趣的态度去看这部电影时感到更害怕。如果一部恐怖电影的成功与否部分取决于它在多大程度上让观众感到害怕,且恐怖电影最丰富的审美体验就是最大限度地让人感到害怕,那么对电影的无旨趣的态度——完全无旨趣——可能就会损害电影的魅力且仅能引起某种不太强烈的审美经验。

　　总之,无旨趣一直都是贯穿审美态度理论历史的最为人知的一种表述。即使是现在,多数认同审美态度观念的美学家也认为他们属于无旨趣这一阵营。

[23] 2.2　近期的观点

　　20 世纪的两种审美态度理论包括爱德华·布洛(Edward Bullough)和维吉尔·阿尔德里奇的理论。我们将在本节探讨他们的观点。

2.2.1　爱德华·布洛的心理距离

　　"心理距离"这个概念最早出现于 1912 年爱德华·布洛发表在《英国心理学刊》(*British Fournal of Psychology*)的一篇文章,文章名叫《作为艺术要素和审美原则的"心理距离"》(Psychical Distance's as a

Factor in Art and as an Aesthetic Principle）。有趣的是，这是一篇心理学论文，而不是哲学论文，这和我们后面要讨论到的问题可能也有点关系。

斯托尼兹认为布洛所做的工作是用无旨趣来解释审美态度的另一种尝试。两人的理论不仅有许多互相支持的相同之处，对他们的理论的批评也差不多。但重要的是还要看到两者之间的差异。布洛的文章产生了很大的影响，明显的是，这篇文章不断在学术期刊和学术研讨中被提及。除此之外，布洛提出的"心理距离"这个术语或其缩略语"距离"已经成了日常用语。虽然心理距离产生的时间相对来说并不太长，但它比起历史更为悠久的无旨趣概念来说——就是说，自从布洛写了那篇文章以来——影响更为广泛。

人们在参观美术馆、看电影或看戏剧时常常会说，为了正确地欣赏对象，他们需要保持与对象的距离。很明显，出现这种情况的原因部分地要归咎于20世纪艺术本身的性质特点。彼时的艺术在它的意义或其传递的信息方面引起了争议，人们甚至从一开始就质疑某些东西不是艺术。这时，对那些缺乏热情的观众来说，通常的做法是唤起他们的"距离"，使他们变得更容易接受对象，更容易把对象当作艺术或审美对象来看待，这样做他们就是在审美地经验。确实，这种情况下的建议可能是为了唤起心理距离——就像人们建议如何观看印象主义的绘画那样——但是在多数情况下，保持距离的建议却更像是建议保持客观性。

布洛认为，为了审美地经验一个对象，个体必须与对象保持一定的距离。个体必须在关注对象时不考虑实际用途。还有，"距离"指的是你清楚地知道你——你的身体、你的情感、你可能的行动——没有真正直接陷入对象之中的那种状态。你与对象没有直接联系，你以似乎不能触及对象的方式来经验对象。对象不能让你产生任何改变，你对对象的经验也许会使你有所变化——譬如高度关注、伤心、高兴或愤怒——但是这些变化只是在你保持控制的状态时才可能发生，这些变化也在你可接受的范围之内。（正是基于这些因素，我们才能分清心理距离和无旨趣最明显的差别。心理距离与艺术对象对观众的影响有关，也与观众对艺术对象的影响有关；无旨趣则与艺术对象的某些方面有关,这些方面应当恰当地成为观众关注和考虑的对象。)

那么,顺理成章的似乎是对象本身得有利于恰当地产生心理距离。那些本来就与观众密不可分的对象似乎无助于获得审美经验,因为这些对象使人难以在经验它时保持一定的心理距离。从表面上看,这是心理距离和无旨趣或其他传统的审美态度理论的一个主要差别。然而,虽然从观众和对象两个方面来解释心理距离的产生的确更为容易,但心理距离也可以轻松地加以调整,尤其是从比它更早出现的无旨趣理论的方面来调整。譬如,即使对象不利于个体保持与其的心理距离,个体也可以有对任何对象保持心理距离的态度。

举个例子来说,如果一件艺术品砸中了萨姆的鼻子,萨姆就很难保持心理距离。不过,也不难想象如果他鼻子被砸后转念一想:"我知道对我鼻子的一击是这部戏剧剧情展开的不可分割的一部分,我不会因此还击,而是要本着欣赏剧情发展的态度,尽量去理解对我鼻子的一击,或者尽量去感受对我鼻子的一击。"虽然萨姆要这样想可能有点奇怪(不止有点奇怪吧?),但是想象发生这种事情总是可以的。这个例子的结果是要指出,被审美地经验的对象是否在某种程度上一定要有利于保持心理距离是不确定的。这种不确定性从最早的无旨趣理论或早期传统的审美态度理论的定义来看,并无大碍,就是说,心理距离也许适用于任何的对象。

考虑到心理距离这一概念产生的心理学背景,这个超然情感的定义似乎是一个相当准确的定义。如果心理距离所指的态度,就是从心理学的角度——也就是实证的角度——来说,人们所处的一种状态,在这种状态下人们会自然而然地关注到一件作品的审美特征,那么这个定义就必须经得起实证的验证。

布洛认为,审美经验可以有程度的不同。人们的心理距离可以近一些,也可以远一点。(这是心理距离与无旨趣的另外一个明显的不同之处。无旨趣并不主张有程度的不同。)这一点很重要,因为布洛解释说,有了心理距离本身并不足以引起审美经验,至少不足以引起最强烈的那种审美经验。布洛提出了他称之为"距离悖论"的说法来加以说明:为了获得最丰富或最佳的审美经验,人们不仅得要保持与作品的心理距离,还得要保持绝对最小的心理距离。虽然需要保持距离,但尽可能小的心理距离最适合获得最佳的审美经验。布洛把这称作悖论也恰如其分,因为似乎最小的距离和完全没有距离也就差不了多远了。但布洛主张至少得保持一定的距离。

布洛所举的大部分例子取自戏剧,他举的距离悖论的例子也是如此。布洛让我们想象在观看《奥赛罗》(*Othello*)这部戏的演出现场的场景。为了恰如其分地欣赏这部戏,我们必须要明白的是,不要冲到台上去阻止奥赛罗掐死苔丝狄梦娜①,这就是我们和戏剧之间保持心理距离的一个具体事例。然而,仅有心理距离还不够,我们还必须(1)关注戏剧且(2)认同戏剧,力图理解戏剧,且有恰当的情感体验——投入剧情的观众通常会被戏剧引起情感。简言之,我们不只是要有心理距离,还得要认同这部戏。我们必须保持心理距离且应当保持最小的心理距离,如此这部戏才能成为审美对象。因此,当看到麦克白得知他妻子死讯时感到绝望是恰当的;看到李尔王发现考狄利娅被杀死时感到伤心是恰当的;看到朱丽叶得知自己将要嫁给帕里斯时感到愤怒也是恰当的。

要获得丰富的审美经验,就需要对舞台上展现的对象——或在绘画,或在交响乐,或在小说中展现的对象——有恰当的反应。但要注意的是,如果我们都认为在任何时间、对任何对象都可以有审美态度的话,那么必须看到,我们体验到的反应并不是因对象而产生的。例如,某人每天上午去上班的路上可能会看到沾满露水的花朵,此时她想到的不过是鞋子可能被打湿。但是,她也可能停下脚步,用心理距离的方式来注视一簇鲜花,并且发现,如此这般就能审美地欣赏这些花朵,并且能够体察到鲜花因为露水压迫而弯曲的忧伤,此时她或许就会有一种伤感的反应。因此,轻易地就能举一个例子来说明布洛的心理距离适用于解释审美态度的传统观点。

关于布洛的距离悖论这个话题,还有一个需要注意的重要方面是,布洛对最佳的审美经验的论述和斯托尼兹的审美态度理论非常相似。其实布洛似乎是想说,获得审美经验的充分必要条件是(1)有心

---

① 奥赛罗、苔丝狄梦娜以及下文提到的麦克白、李尔王、考狄利娅、朱丽叶和帕里斯都是莎士比亚悲剧中的人物。——译者注

理距离,(2)关注对象,(3)保持最小的心理距离。斯托尼兹给出的条件则是(1)保持无旨趣,(2)关注对象,(3)认同对象,只考虑对象本身。两者有惊人的相似之处。不仅心理距离和无旨趣如此相似,就连保持最小距离的方法和认同对象自身的方法也较类似。斯托尼兹提到,有一点很重要,审美观视并非表现为眼睛瞪得像铜铃一样却心不在焉,这其实和布洛的观点也是一致的。虽然我们在前面对斯托尼兹作了分析介绍,但他的这一观点也应当引起注意。不注意或漠视对象会导致我们对对象的经验要么完全丧失审美特性,要么审美深度不够。斯托尼兹所说的心不在焉地瞪视就是布洛所说的距离过远。

26

苏珊·朗格(Suzanne Langer)在她写的《感情和形式》(*Feeling and Form*)一书中对心理距离进行了批评,这种批评很有意思。她回忆道,她小时候有一次在看《彼得·潘》(*Peter Pan*)①演出时,有一个情节是,奇妙仙子为了救彼得自己喝下了毒药。奇妙仙子奄奄一息,生命危在旦夕。彼得在绝望中恳请观众帮助他挽救奇妙仙子的生命,如果观众用力鼓掌奇妙仙子就会苏醒过来。苏珊说,当时她吓坏了,并且感到难受,因为这种干扰使她观看演出的心理距离荡然无存,演出的魔幻效果被破坏了。这大概说明保持心理距离对恰当地审美观视是必须的。但是,苏珊承认,在所有观看演出的孩子当中,只有她一个人在面对这种情形时没有那么兴高采烈、欢呼雀跃,这就又推翻了她的观点。

有许多艺术作品的例子——确定无疑是艺术的艺术作品——鼓励观众作为参与者加入审美对象。像《彼得·潘》这样的与心理距离相反的事例还有很多。安德鲁·劳埃德·韦伯(Andrew Lloyd Webber)的音乐剧《猫》(*Cats*)就是一个例子。在剧中,没有跳舞或唱歌的"猫们"会游走在观众之间,要求观众抚摸他们并告诉他们猫砂盘在哪里。如果有人抚摸了演员,那么很难想象这个人和演出之间还有心理距离。

第二种与心理距离相反的艺术作品例子是,对象与观众之间不是

---

① 《彼得·潘》是苏格兰小说家及剧作家詹姆斯·巴利(James Barrie)于1904年创作的舞台剧,后改编成小说。——译者注

没有距离,而是距离过远。一个有趣的例子就是汤姆·斯托帕德(Tom Stoppard)写的舞台剧《真实的东西》(*The Real Thing*),这部剧在演出开始时戏中有戏。斯托帕德特有的做法就是,观众不知道最初他们在舞台上看到的那一幕其实是这出戏中的另外一出戏。当他们意识到这一点时,感到非常惊奇。人们发现他们与最初那一幕(戏中戏)的心理距离相当遥远。

距离过远的另一个例子是《蝴蝶君》(*M. Butterfly*)这部戏。剧中主角平克顿时不时打断演出,向观众解释剧情前后发生了什么以及他脑子里在想些什么。这个时候,他可能会换装,道具工作人员可能会来换布景。在听平克顿讲解和看工作人员换布景时,观众就会觉得与真正的剧情相去甚远。

或许电视节目能够更简单地说明如何有意制造过远的心理距离。美国广播公司制作了一部长盛不衰的情景喜剧《成长的烦恼》(*Growing Pains*),剧中的儿子问他的父亲:“我要隔多久来找你谈谈心呢?”父亲答道:“每个星期三晚上,东部时间八点,中部时间七点。”①这样的拉开心理距离的回答是为了突出表现对象的机敏,如果这种方法奏效了,这种机敏或拉开心理距离的方法就能增加对象的审美愉悦感。

心理距离和无旨趣的相似之处有很多。这两种理论都论及相似的条件:关注、认同以及(简要地说就是)无视实际的用途。两种理论得到认可的地方也较为相似。20 世纪的布洛和斯托尼兹的理论把审美经验视为心理距离或无旨趣的目标。有人指出,这两种理论都适用于解释审美态度的传统表述,就是说,大体上,个体都可在任何对象上采用心理距离或无旨趣的态度。

把心理距离视作无旨趣的心理学产物似乎是合情合理的。鉴于此,布洛的心理距离理论不能逃脱无旨趣概念面临的诘难。但这不是一种——对应的关系,对心理距离的批评并不像对无旨趣的批评那样明显,这主要是因为布洛的理论涉及的范围较窄。

27

---

① 父亲回答的时间就是该电视剧播出的时间。——译者注

2.2.2　维吉尔·阿尔德里奇的印象视觉

在传统的审美态度理论家之后,20世纪最有影响的审美态度理论家也许要算维吉尔·阿尔德里奇了。不过由于促使他的观点产生的动因非常不同,因此他的观点与前面我们已经讨论过的观点有着显著的差别。阿尔德里奇对传统态度理论感到困惑不解的是,这些理论过于强调观者在引发对象的审美特性中的作用。传统的观点认为,观者对对象的审美态度使对象从普通对象转变成了审美对象,阿尔德里奇则比其他理论更注重审美观视的客观性。

阿尔德里奇认为有两种不同的观视方法。第一种方法叫作观察,阿尔德里奇的这个"观察"的意思指的是那种侧重于对实际用途的观视。第二种方法阿尔德里奇称作"外形观视"或叫"认识"(或"领会")。对阿尔德里奇来说,观察是看对象的本质特点,并且只是从科学家或者(譬如)机器的角度来看这些特点,但这不是审美者看待对象的方式。审美者从关注对象的形象的客观特性来"认识"对象,不过,"认识"对象是从外形或印象的角度来看这些客观特性。在审美者看来,这些特性可以代表不同的但具相同的客观特性的对象。

阿尔德里奇的目的是要在尽量彻底地确保客观性的同时,仍然坚持日常观视和审美观视是两个不同的类别。阿尔德里奇说,要满足第一种情况,也就是做到客观性,审美者所看到的对象的特征要和科学家看到的对象的客观特征完全一致。要满足第二种情况,也就是要把观察和领会区分开来。他说,我们通过从不同角度来关注一组特性,就在客观特性之中认识到了不同的对象。当我们看到一朵云的时候,我们常常就把它叫作"云",但我们也可以更有创意,譬如把我们确实看到的东西称作"龙"或"火车"。

但是,或许现在就有一个问题。阿尔德里奇的说法如何解释审美观视针对的是看绘画作品、听交响乐或读小说这些情况呢? 如果阿尔德里奇领会的说法和我们平常欣赏典型的审美媒介(譬如艺术作品)的方法没有或不能建立起联系的话,那么他的理论就有缺陷。

之所以说阿尔德里奇理论有缺陷还有另一个理由。客观性的说法似乎站不住脚,或许根本就站不住脚。阿尔德里奇的客观性说法部分是因为他想确保能够判断人们对艺术作品的某些印象是不正确的。但是,他能提出正确判断的标准吗? 假如萨莉看到一朵云,萨姆说是一幢烟囱正冒着烟的房子,苏珊说是冒着烟的火车头,希德(Sid)却如实说看起来像荷叶上的一只青蛙或一个香肠三明治,那么希德是不是就没有正确地认识呢? 只要希德确实能够看到他宣称看起来像的东西,他随便把物质对象的客观特性看作什么样的审美对象、什么样的印象都是可以的,就是说,这样的审美对象是无穷无尽的。客观性或"感官能够立即感受到的东西"是一个非常大的集合,因此阿尔德里奇试图界定的客观性没有说服力。只要观者说的是真心话,那么他所指称的几乎所有东西都具有客观性。

2.2.3　对审美态度的思考

究竟有没有审美态度呢? 似乎当然是有的,否则就很难解释为什么有时我们会把对象当作审美对象,有时又不会。也许审美态度并不是用来描述我们如何审美地观视所有事物,而只是应该用来描述那种特殊的"开—关"现象。就是说,也许审美态度对审美观视来说不是一个必要条件,但如果有了审美态度,就是审美观视的充分条件(如果有了审美态度,就一定能审美地经验,但获得审美经验并不只有审美态度这一种途径)。

审美态度理论有难以解释的地方,这是很常见的一种现象。你有没有这样的经历? 快迟到了,匆匆地赶往教室去上课,这时候你突然就被庭院或校园的青翠或教学楼的美所打动了。我们突然被美打动是时常会发生的事,虽然我们急匆匆地赶路或很忙的时候被美打动的可能性很小,但这种情况还是会发生。在审美态度理论看来,审美态度的形成——或开启——必须是一个花时间且努力的过程。但美突然向我们袭来时就没有什么时间和努力可言。这就是为什么虽然形成审美态度可能是审美观视的充分条件——就是说,只要我们有了审美态度就足以获得审美经验——但它可能不是必要条件,因为即使没有这种特殊的态度我们也可能会获得审美经验。

总之,很明显的是,在我们已经探讨过的审美态度理论中还没有哪一种理论完全没有缺陷。这些理论虽然各有长处,但也都存在问题。需要重申的是,这不是说要把这些态度理论全都抛弃。这些问题只不过是今后进一步思考和需要解决面临的挑战而已。哲学发展需要深思熟虑,几乎每个哲学命题都需要反复思考,这就给学习哲学的学生——就本书而言就是学习美学的学生——在这个领域贡献他们的聪明才智提供了机会,也提出了挑战。

第 2 部分　对象和事件

第 3 章　审美对象

33　　审美对象就是以审美注意或审美经验为焦点的任何对象或事件，也可以说典型的审美对象就是绘画、交响乐、戏剧、花草、落日等这些对象。不过，原则上审美对象可以是世间任何感觉到的（能够被感觉到的）对象，这是因为任何能够被感觉到的对象都可以成为注意或审美经验的对象。

　　为了缩小我们所认可的审美对象的范围，也许可以作如下的界定：审美对象只是在正常情况下审美地体验的那些对象，或者审美对象只是那些给人好的审美经验的对象。这个定义的前面部分"在正常情况下审美地体验"因界定模糊而用处不大。（1）萨姆在正常情况下的审美体验也许和萨莉在正常情况下的审美体验有所不同；（2）即使能够搞清楚正常的情况是什么，不正常的情况又是什么？但是，如果不符合这个审美对象定义的东西也能使人产生最佳的审美经验，那么为什么还要用"在正常情况下审美地体验"来定义审美对象呢？定义后面部分的"给人好的审美经验"言下之意是不会有"坏的"审美对象。如果一个对象必须给人以积极的经验，这就会将那些给人坏的审美经验或者也许会将给人不好不坏的审美经验的对象排斥在审美对象之外。也许我们都会同意日落或花草是审美对象的经典范例，但是乱七八糟的桌面呢？我们可不可以审美地关注这个对象？假设我们欣赏的是这个对象缺乏的东西，譬如说秩序，那么乱七八糟的桌面可不可以成为审美对象呢？这当然不是说应当不加考虑地接受上面提34到的那些定义，指出这些定义简单的例子是要说明，要想界定审美对象并不容易。

任何缩小审美对象定义的做法都会遇到问题。不过,也不应因此就接受一个过于宽泛的定义。譬如,虽然我们也许同意审美对象可以是世间任何东西,但如果信誓旦旦地认为所有东西就是审美对象,这就不太靠谱了。所有东西都有被审美地经验的可能性确实存在——就是说,我们可以审美地经验世间的任何东西——但如果这种可能性并没有以某种方式实际出现过,把这些东西称为审美对象似乎就并不妥当。

人们也许整天都会看见桌子、椅子、闹钟、计算机、书这些东西,把这些东西都当作审美对象来经验却不多见。因此,说这些东西随时都是审美对象未免就有点过了,更好一点的说法是,这些东西可以是审美对象——它们具有成为审美对象的可能性。只有当它们被审美地经验时,才成为审美对象。这种既考虑到可能性又考虑到实际性的定义是对审美对象的较为盛行的界定。再解释一下,任何对象都是潜在的审美对象,潜在的审美对象成为真正的审美对象就是成为人们的审美经验的对象,也就是说,潜在的审美对象要实际上被审美地经验。

不过,这个定义的确存在一些明显的问题。首先,这个定义似乎是说我们可以改变对象的状态;其次,我们是在把客观的变化建立在主观的变化的基础之上,就是说,对象的变化取决于我们如何看待这个对象。像这种主观主义的定义面临很大的困扰,因为不同的人可能会在不同的时间把不同的对象看作审美对象。很明显,如果两个人看待一个对象的态度不同,就会使这个对象既是审美对象同时又是非审美对象。

有人宣称,要解决这个难题,只要承认世间所有事物自始至终都审美对象就可以了。这种回答就太勉为其难了。没人会把堆在旧书桌后面的一撮尘土看作审美对象,因此,为什么要把这类东西捧到审美对象这样的高度呢?另外一个解决办法是对可能性—实际性的关系更详细地进行解释。如果人们要强调的是潜在对象成为审美对象并不是指发生了客观性的改变,这就有解释的余地。这种解释是这样的:有人主张,一个对象要成为审美对象,只要具备可以被审美地经验得到的属性就可以了。既然所有感知的对象实际上都具有可以被审美地经验得到的属性,包括一撮尘土,那么所有对象都可以是审美对象。不过,只有当对象实际上被审美地经验了才能成为审美对象或者具有审美对象的性质。这种说法的道理是,所有对象都具有同样的属性,这些属性或者被审美地经验到,或者不会。对象本身并没有发生改变,改变的是观者注意的焦点。如果观者在关注一个对象的属性时,譬如说只注意到汽车省油的性能,那么这种经验就不是审美经验,这个对象也就不是审美对象。然而,如果观者是在欣赏汽车的线条、形体和颜色,那么他就是在关注那些给人带来审美经验的对象的属性,因此这个对象就是审美对象。对象本身并没有改变,它的属性无论是否被审美地经验到,属性还是那些属性,改变的只是观者的焦点。根据对象的不同特点可以既欣赏到对象的"省油"也可以欣赏到"对象的美",但是只有专注于客观属性的不同方面或不同的结构,才能关注到对象的这些属性的多样性。

避免了改变对象状态的矛盾,同时承认对象的审美性质只能由观者来决定,这样就可以把"审美对象"当作概念的差别来理解,而不是当作客观的差别来理解。类似的例子还有很多。人们可以像航海员一样去看落日(太阳从西边落下);可以像气象学家一样看落日(太阳颜色变深表示可能有雨);可以像天体物理学家一样看落日(太阳的某些颜色预示着某种气体现象);也可以像一个爱美人士一样看落日(看!多美的落日啊)。落日并不因人的不同而有所改变(从不同的人都从同一位置看落日的角度上说),改变的仅仅是不同观者的焦点而已。换成审美对象也是这个道理。就像世间几乎所有的物理对象都可以被当作某种工具一样,每个对象也都有可能成为审美观视的对象,因此,每个对象都有可能成为审美对象。

最后一个问题:审美对象是不是物理对象?想一想下面这个例子。当我们在关注一个审美对象时,通常会作出一些判断,来确定要去关注这个对象的哪些属性。我们可能会根据想从关注这个对象中获得的何种经验来作决定,或者也许会依据对这个对象的审美属性和非审美属性的区分来作决定。总之,在判断一个东西是不是审美对象时,我们总会忽略一些属性。

在一些戏剧表演中,有这样一些穿黑衣的道具工作人员,他们在搬运道具时并不回避观众（当然他们也不会去打扰观众）。但是，通常情况下观众会无视他们的存在和行为，因为他们实际上并不是审美对象的组成部分。毫无疑问，这些道具工作人员是物理对象的一部分——他们占据了舞台的空间，来回搬动道具，并且他们能够被人看见。但是，因为他们与戏剧的审美性质并无直接的关系，或者说与观众对戏剧的审美经验没有直接的关系，所以他们就不属于审美对象的一部分。简言之，审美对象一般来说有别于物理对象。物理对象一般来说被视作审美对象的载体，审美对象本身指的只是感知对象，指的是适合解释对象审美性质的那部分或那些因素，也就是指的增加了对象的审美价值或者进入了我们的审美经验之中的因素。

第4章 定义"艺术"

4.1 为什么要定义"艺术"？①

在我工作的早些年,曾经开设了一系列有关定义"艺术"的讲座。按我通常的做法,我首先想要解释一下为什么有必要花力气给艺术下一个定义。我指出世间当然有些东西(和事件)是艺术,有些则不是,这是基本常识。但有一个学生对我的说法不以为然,她反驳说,在她看来,"人们说什么是艺术什么就是艺术"。她的这种反对意见并不鲜见。对她的质疑,我从常识的角度予以回应。我把一张纸揉成一团放在讲台上,问她:"这是艺术吗？你会不会,或者说应不应该把这个东西当作像《蒙娜丽莎》(Mona Lisa)一样的对象来看待？"(有时候这样说就足以震住反对意见——或者是因为这种回答增强了说服力,或者是因为老师在面对学生质疑时表现出的威严。)不过,这个学生并不服气,并一再重复她的观点说,人们说什么是艺术什么就是艺术,人们完全可以把揉成一团的纸叫作艺术,就像可以把画在画布上的画,或者把雪铲、小便器、布瑞罗钢丝刷子包装盒②,或者把床叫作艺术一样。(写到这儿我想到的当然是像杜尚、沃霍尔、劳森伯格、欧登伯格等这些艺术家的作品。)

---

① 本节部分内容摘自论文《为什么要定义"艺术"？》(Why Define 'Art'),载《美育杂志》(*Journal of Aesthetic Education*),1994 年春季刊,第71-76 页。

② 布瑞罗(Brillo)是美国一种清洁厨房锅盘的刷子的商标名。——译者注

这个故事很轻松,但它背后道出了一个很严肃的问题:为什么要定义"艺术"?过去两个世纪以来,定义(确定无疑的)艺术成为一个难以应对的挑战,面对这种情况还应当把一些对象和事件集合起来命名为"艺术"吗?为什么不干脆就让"人们说什么是艺术什么就是艺术"呢?

假设我们把"如果认为或指称一个对象或一个事件是艺术那它就是艺术"这种观点说成是"无定义主义"的观点——因为这种观点的动机是要摆脱传统的艺术定义对艺术的种种限制,起初可能会把这种"无定义主义"的观点和那些统称为"反本质主义"的观点联系起来。"反本质主义"的中心思想基本上有两点。第一,艺术没有本质可言:就是说,不可能给当作艺术的东西下一个独一无二的定义。第二,给艺术下的定义必须满足下列条件之一:(1)由一系列的选言来定义("艺术是这个或那个或其他什么");(2)要这样来定义艺术,即,一些艺术对象与另外一些艺术对象具有共同点,但是所有的艺术对象并无共同点——这就好比,在一个家族中,没有一个成员与其他所有成员都有一个共同的特征,但每个人仍然是家族成员;(3)以开放或变通的方式来定义,这样可以适应艺术因时间推移而产生的变化和发展(这个观点出自莫里斯·韦兹)。不过,无定义主义的问题在于它只和反本质主义这两点中的第一点是相同的。此外,重要的是要看到反本质主义的第二个思想——或者说是一些对艺术定义的肯定表述——因为如果没有这些肯定的表述,反本质主义就会和无定义主义没有什么差别了,至少两者都会一样无趣。反本质主义认为艺术没有本质属性,至少艺术没有唯一的本质属性,这种观点就不同于无定义主义,这是因为反本质主义定义"艺术"的观点非常清楚,这一观点肯定地认为,要把"艺术"这个词的使用限定在一定范围之内。无定义主义则没有对限定使用"艺术"这个词作任何说明。

我认为,反对无定义主义有三个主要的论据。第一是意义的论据,第二是挑战的论据,第三是批判的论据。

4.1.1 意义的论据

当我们使用"艺术"这个词时,毫无疑问我们是有所指的。我们至少用"艺术"这个词来指世间的某些对象和(或者)某些事件。但是同样重要的是,"艺术"这个词的使用也意味着有所不指。也就是说,"艺术"这个词的意义可以是肯定的,在这种情况下"艺术"包含某些对象;"艺术"这个词的意义也是否定的,在这种情况下"艺术"排除某些对象。我们使用的每个词几乎都是这种情况。没有哪一个词指称一切。"艺术"这个词也不会指称一切。"艺术"这个词要有意义就得将某些对象排除在它的定义之外。

如果"艺术"这个词指的是人们认为是艺术的任何东西,那么就是说没有什么东西不可以是艺术。这是因为人们能够——并且也许会——认为任何东西和一切东西都是艺术。这样的话,"艺术"这个词就没有意义了,或者说它在意义上就等同于"所有事物"这种表述了。但是,"艺术"并不是"所有事物"的同义词,把"艺术"当作"所有事物"的做法,并不符合英语的使用者使用这个词的做法。

说到"艺术",我们指的是有关对象或事件的那些东西。这些东西具有相对稳定性且指的是世间上存在的对象和事件,而不是人们如何看待这些对象和事件。"艺术"这个东西指的仅仅是世间存在的部分对象(因此我后来在那堂课上扔掉的皱巴巴的纸团肯定不是艺术)。艺术这种东西指的是对象本身的价值。这最后一点引出了第二个论据。

4.1.2 挑战的论据

宣称某些东西不是艺术,这种说法会很有说服力。假设有一天,萨姆在参观美术馆时看到了一个布瑞罗钢丝刷子包装盒在展出。尽管这个盒子旁边展出的艺术品暗示这个盒子也是一件艺术品,尽管这个特别的盒子就是一位知名的艺术家创作的,可萨姆却不管这些,他斩钉截铁地说,"那东西不是艺术"。萨姆的这种说法有某种含义——但它不仅仅指的是这几个英文单词正确组合到一起的含义,或者也并不完全出于交流的目的才说这话。当萨姆说某些东西不是艺术时,他似乎在提出一个有力的挑战,遇到他认为是艺术家面临的有力挑战,居然要把这种东西放到博物馆里去展出。(无论艺术家展出那个东西有没有挑战的意思,反正那种东西的展出就说明是一种挑战。)

当人们说某个东西不是艺术时，就是在做出强烈的批判性的陈述。而且，人们说这话的这种反应在某种程度上可能也是沃霍尔期望看到的那种反应。不管沃霍尔有没有这种想法，他拓展了艺术的集合概念，甚至可能拓展了艺术的定义。如果艺术的定义不可能拓展，那么为什么沃霍尔要把布瑞罗包装盒拿到博物馆去展出呢？去超市看这个东西岂不是更方便。如果人们认为是"艺术"的东西都是艺术，那么沃霍尔可以把市场上的那些布瑞罗包装盒称为"艺术"，然后直接让萨姆到市场看那些盒子就行了，为什么他不那么做？对沃霍尔来说，布瑞罗包装盒意味着什么呢？显然，沃霍尔创作布瑞罗包装盒且把它当作艺术来展示，其目的是因为在常规情况下，人们一定不会把布瑞罗包装盒当作艺术的，而这种"常规情况"正是沃霍尔的做法如此发人深省的部分原因。

无定义主义既不允许也不能够解释为什么人们对沃霍尔的作品有兴趣。如果"人们说什么是艺术什么就是艺术"这一论断是正确的，那么萨姆与别人在观点上有分歧且对某物是艺术感到惊讶就毫无道理。人们对在美术馆或博物馆当作艺术展出的东西是否真的就是艺术存在争议，是上述问题的深层次的表现之一。当杜尚、劳森伯格等人第一次展出他们那些有争议的作品时，可能就引起了人们冗长的辩论、不断的挑剔以及怒不可遏的情绪。无定义主义无法解释这种现象。如果人们说什么是艺术什么就是艺术，那么支持有些东西不是艺术的论点就是浪费时间的愚蠢之举。

然而，宣称某物不是艺术的说法确实是一个有力的说法——这种观点使我们认真思考艺术的本质，使我们不得不拓展明显是已经确定了的概念，但我们对拓展的概念可能并无把握。本节最后一部分从把某些事物排除在艺术之外来集中讨论"艺术"这个词的含义，本部分则侧重从把某些事物包含在艺术之内来讨论"艺术"这个词。如果不是过去两个世纪以来的艺术变革的话，今天的"艺术"这个词所指的一些东西恐怕永远都不会被当作艺术来看待。来自后印象主义、抽象主义、立体派、达达主义、现代派以及后现代运动的作品得到认可就曾轰动一时。如果没有一个在意义上能够被挑战，甚至最终在意义上能够被拓展的概念或定义，那些艺术运动产生的作品的影响力就会大打折扣。如果认可了无定义主义的观点,我们就无法去挑战当前任何一种艺术的定义,也无法提出"那不是艺术"的观点了。

4.1.3　批判的论据

当萨莉评判一个艺术对象时,她可能根据预设的标准来评判它。譬如,萨莉在观看迈阿密芭蕾舞蹈团演员表现时,她可能会考虑这些演员的表演是不是真的算得上优秀的芭蕾舞——就是说,优秀得称得上是芭蕾舞。她首先得有一个芭蕾舞的本质是什么的概念,然后用这个概念去评价演员们的表演。如果萨莉没有芭蕾舞的概念或定义,她就无法作出这些有根据的或者说功能性的判断。无定义主义回避根据标准来判断这一问题,因为在无定义主义看来,萨莉可能不会去解释芭蕾舞。即使无定义主义者认为萨莉可以定义"芭蕾舞",她也可能仍然不会根据"艺术"的概念去评判一个对象。鉴于无定义主义的这些特点,它的方法就不是我们定义艺术的选项。

亚里士多德曾从功能的角度来定义价值,这种定义遵循的思路是"如果 X 在功能上高度体现了与它同一类型事物的特点(体现功能的程度越高越好),那么它就是好的"。建立在这种定义价值的基础之上的判断,有助于搞清楚要研究的对象与其他"同一类别"对象之间的关系。如果不能从稳定和有意义的角度来定义"艺术",那么就没有人能从功能的角度对某些对象是否是艺术进行评价。然而,需要再次说明的,如今大量的艺术评论却如出一辙:X 很好地表现了十四行诗;Y 是贝多芬第九交响乐的最好诠释;Z 是好的艺术。

说到底,提出并思考各种各样的艺术定义是有充分道理的。与之相反的情况——即艺术只是"说什么是什么就是"——则会导致荒谬的结果。"艺术"要有意义,必须既有排他性又具包容性。"艺术"这个词必须将世间的某些东西排除在艺术之外,否则这个词就成了"所有事物"的同义词。"艺术"也必须将某些东西包含在艺术之内,允许这些东西通过审查和检验进入"艺术"这个类别。无定义主义不能起到定义艺术的作用,主要是因为它没有把意义考虑在内。

4.2 模仿论和再现论——古希腊的观点

美学探讨的所有问题中,"艺术是什么?"是最古老的话题。有趣的是,最先对这一问题进行清晰解答的不是哪一个思想家,而是各种各样的社会达成的某种共识。对于艺术的讨论而言,这里的社会指的是古代雅典的社会。古代雅典人确信他们知道"艺术"是什么意思。普通老百姓都明白艺术指的是什么,因此不必对艺术进行深入探讨。所以,从某种意义上说,与其说柏拉图对艺术的定义是他提出来的,倒不如说是他继承的。柏拉图生于公元前 428 年,卒于公元前 347 年,是已知最早的思考艺术本质的西方哲学家。

柏拉图时代的雅典人认为,艺术的本质就是模仿自然。建立在这种观点基础上的理论称为"模仿论"或"摹仿论"。模仿论认为,艺术对象就是模仿自然的对象。这不是说艺术是对自然原封不动地复制。不过,从简单的感觉层面上说,艺术作品都要与自然中的对象近似。人的雕像看起来像人,一幅树的画看起来像树。(当然,一幅树的画可能更像另一幅树的画而不大像真正的树,这可能是模仿论发展成再现论的部分原因。)

模仿论或摹仿论的意思是说,艺术对象要和它再现的对象相似或者看起来要像它再现的对象(就视觉艺术而言)。现在的"再现"却不一定是这个意思。如今,美学家们说到再现时,他们未必说的是艺术对象和它再现的自然对象之间的是相似关系。这两者之间的关系也许是"象征的"或"记号的"关系,在这种情况下,艺术对象就成为它要再现的对象的一种象征或符号。然而,在古代雅典,艺术理论往往强调的是相似关系。

远古的人们在洞穴壁上作画,这些画通常代表远古人感兴趣的动物(例如是为了食物或达到精神上的目的)。原始的作品创作于公元前几千年到公元前几百年间,通常是对自然的某些方面的模仿,模仿动物、模仿人,或者更复杂一点,模仿那些再现大自然力量的东西,譬如雨神、丰收之神或生育之神。当然,许多再现其他东西的作品的创作目的并非只是要看起来像那些东西。虽然视觉模仿也许是远古时代最常见的再现模式,但视觉模仿不是唯一的模式。柏拉图和亚里士多德最直接讨论的再现有两种形式:视觉模仿(绘画和雕塑)和文学模仿(诗歌和戏剧)。

4.2.1 柏拉图

虽然柏拉图和亚里士多德探讨的艺术理论并非他们首创,但他们认为这种理论就是当时的艺术标准,是当时"公认的观点"。这在柏拉图看来尤其如此。

公认的观点认为艺术本质上就是模仿,柏拉图对此心存疑问。柏拉图对艺术的疑问散见于他的《理想国》(*Republic*)第十卷,《伊安篇》(*Ion*)、《会饮篇》(*Symposium*)(或者还包括《理想国》第二卷、第三卷以及《斐德罗篇》(*Phaedrus*))。为了搞清楚柏拉图为什么要批判公认的艺术观点,必须先回顾一下他是怎样看待世界以及怎样看待理解和掌握关于世界的知识的。

柏拉图认为实在有两种层次,一种是自然的、物质的层次,我们的感官可以把握这种层次;另一种层次包括万事万物的本质,感官不能把握这个层次。柏拉图说,感觉的各种对象——就是我们能够感觉到的各种对象——"沉浸"于它们的本质之中,他把这些本质称为"理式"或"理念"。举个例子来说,也许你在读这本书时就坐在一把椅子上,环顾四周,你也许在房间里还看到了另外几把椅子。柏拉图要问的问题是:房间里的所有椅子——这些椅子形状各异、结构不同,最主要的是,它们都是一把把独立的椅子——是如何相互间联系起来,以至于每把椅子都可以明白无误地被叫作"椅子"?不是因为它们都有四条腿、一个座位和一个靠背,可能有些椅子并不符合这个定义。不是因为把椅子定义为"可以坐"就能把椅子和其他东西区分开来,因为地板、床、灶台也可以坐,但这些都不是椅子。柏拉图断定,被明白无误地叫作一把"椅子"的东西要成为一把椅子,不是因为它的外观(等因素),而是因为它具有唯一的本质属性,即具有椅子的本质属性。

柏拉图在理论上论述了存在着自然的、物质的层次之外的本质层次,他这样做的一个很重要的目的在于解释知识,解释我们如何才知道已经掌握了知识。柏拉图认为,我们能够掌握知识的唯一途径是我们的知识对象要具有永恒性。认识某物就是认识某物的稳定的、不变的属性。物质世界充斥着这样那样的物质对象,这些物质对象在不断地变化。柏拉图由此推断,一定有一个世界,这个世界的知识对象是稳固不变的。这个世界就是理念世界,它包含知识对象的本质。本质不会变化。如果我们真的知道椅子是什么,我们就知道了事物成为椅子的本质属性。

当然,哲学家们发现像柏拉图这样的理论有明显的问题。实际上,柏拉图在他的对话录《巴门尼德篇》(*Parmenides*)中就提到了许多这样的问题。要是柏拉图对艺术的解释是正确的,也并不意味着他的"两种层次的实在"理论也是正确的——反过来也不是这样。不过,要想理解柏拉图对艺术的解释以及他为什么要作这种解释,就必须先理解他的两种层次的实在理论以及这一理论提出的认识世界的恒定和不变本质的方法。

在柏拉图看来,艺术的公认观点即艺术就是模仿。一个对象要成为艺术对象则它(1)是一件人工制品,且(2)是对自然世界某些对象的模仿。柏拉图把这种观点视作普遍的观点,并且致力于思考和批判这种观点。此外,凡是意图模仿自然世界的东西而创作的作品,或实际上被看作模仿自然世界的东西而创作的作品都是艺术作品。柏拉图发现,雅典的战士雕像、神像以及青年男性的雕像都体现了同样的目的:尽可能把雕像创作成模仿现实的惟妙惟肖的复制品,在此过程中加入了某些风格特点,这样就在一定程度上使普通对象和艺术对象看上去有所不同。不过在本质上,艺术对象仅仅是对自然对象的模仿。

按照柏拉图的说法,艺术家——在通过模仿自然对象来创作时——实际上是对自然对象的模仿的模仿,因为自然对象是对理式或理念的模仿。如此艺术就脱离了实在,脱离了事物的本质,这使柏拉图对艺术的价值产生了怀疑。柏拉图说,艺术的问题在于它脱离了稳定、永恒的实在。自然对象是对本质的模仿,艺术呢,则是模仿的模仿。艺术非但没有使我们更接近实在,反而使我们离它越来越远。在艺术中看不到实在,也没有存在知识的可能性。对艺术对象的欣赏无助于理解甚至欣赏真正的美。要真正欣赏到美,首先要领会世界的结构,然后领会诸如数学一样的抽象概念的缜密,然后思索本质的理式,

43

最后思索善的理式和美的理式(《会饮篇》对此作了探讨)。

柏拉图所做的,就像他自己说的那样,不是论述艺术的性质,而是思考他看到的艺术形式和艺术作品展现的那种普遍的观点,以及质疑艺术的价值。模仿的艺术并不提供永恒的知识,人类的主要目的是认识真理,艺术对此则背道而驰。假如艺术还有价值的话,那就是它可以在增进公民与国家关系这方面发挥强大的作用。从根本上说,如果艺术有价值,它的价值就是宣扬爱国主义或作为宣传工具。(我们将在第 7 章"审查艺术"探讨这一问题。)

4.2.2 亚里士多德

虽然亚里士多德和柏拉图在谈到艺术时讨论的都是同样的问题,但亚里士多德的观点和柏拉图的观点却明显不同。在亚里士多德和柏拉图看来,艺术的公认的观点就是艺术是对自然的模仿。不过,对亚里士多德来说,艺术的这种模仿并不是消极的。从他们认识世界迥然相异的方法可以看到,他们各自观点的出发点有所不同。柏拉图认为,必须不断努力摆脱自然世界事物的困扰,才能认识到理式。但是亚里士多德认为,与现实物质对象分离的理念世界或理式并不存在,也没有什么理念或理式的本质之说。对亚里士多德而言,实在就在我们感知的物质世界之中,也就是在有许多椅子、桌子等其他东西的世界之中。

亚里士多德认为模仿是天性的组成部分。动物有模仿的天性,对有更高智慧的动物来说尤其如此,譬如灵长类动物,对人类来说则更是如此。不光模仿自然是一种天性,通过模仿自然获得欣喜、愉悦和新奇的感受也是一种天性。萨姆参观美术馆仔细打量一件惟妙惟肖的艺术作品时,就很享受那种发现那个对象——或者那个对象的展示或者它的形象——和它再现的对象之间的相似之处的感受。艺术就是建立在这两个论点的基础之上的。最初亚里士多德的分析认为,一个对象要成为艺术对象则它(1)是一件人工制品,(2)是对自然的模仿,且(3)使观者(听者等)感到愉悦。

柏拉图在雅典看到的是雕塑模仿战士、神灵和青年男性的美好形象,亚里士多德则没有把注意力放在"模仿"上,他强调的是"美好形象"。对柏拉图来说,艺术家只是模仿了自然而已;对亚里士多德来说,艺术家绝不只是模仿自然——艺术家要注意自然界的共相和原型。艺术家通过绘画、雕塑或创作作品来颂扬自然的最美好的一面,因此从审美的角度上说,艺术家的作品比它模仿的对象更好。这样说来,艺术不是没有价值。艺术的价值在于它力图展示自然的美好或最美好的一面。因此,后来亚里士多德认为艺术的定义是:一个对象要成为艺术对象则它(1)是一件人工制品,(2)是对自然的共相和原型模仿,且(3)使观者(听者等)感到愉悦。

亚里士多德的这种定义采纳的还是艺术的模仿论或摹仿论的观点,这在根本上和柏拉图的思想没有什么不同,但是亚里士多德看到了艺术模仿论积极的一面。古代的艺术实践是有价值的,其价值在于艺术向我们展现了自然最美好的一面,在于欣赏艺术时我们体会到的愉悦感受。艺术表现了某一类自然对象的最好一面,通过欣赏艺术,我们就能更好地理解、认识那个自然对象——或者那一类自然对象。

4.2.3　对模仿论的思考

从中世纪到文艺复兴,直至印象主义的艺术运动出现的初期这段时间,模仿论以及后来更复杂的再现论都一直是艺术理论的主流。因此,虽然艺术再现论在文艺复兴之后影响力有所下降,但仍在发挥作用。当然,随着印象主义及后来的后印象主义的兴起,艺术模仿论和艺术再现论的支持者就大为减少了。

评价一个理论是否可行,部分地取决于我们希望它的定义的解释力有多强。如果"艺术是模仿"的意思是说,模仿自然的某些对象是成为艺术对象的充分必要条件,那么埃及早期出现的再现艺术描绘的那种夸张的姿态和细长的眼睛就说明,模仿论是站不住脚的。如果我们的意思是艺术对象是对它所描绘的自然对象的直接再现,那么当艺术家放弃了"现实的再现"标准或模仿的标准时,我们就不能再认可模仿的理论了。假设艺术家不再有直接再现的意图,人们又把莫奈(Monet)和毕加索的作品当作艺术时,人们就更难认同艺术是纯粹模仿的理论。

然而,有人也许会对"再现"作一番更宽松的解读。这样,假使对象只再现了现实的某些方面,不管这种再现抽象与否,那么这个对象也称得上是艺术。对"再现"的这种解读与这个词在当今的含义更相近。如今"再现"的意思不必是"复制","再现"的意思可能仅仅是直接的、非符号的"象征"。问题是即使如此,我们也许仍能找到反例:如今许多艺术作品只有形式或结构,并没有可再现的内容,譬如纯粹形式音乐或如像后现代主义一样的纯粹形式绘画就是如此。

再现理论的另一个问题是,一个对象被再现为一个东西的方式可能不止一种,而且每种再现的方式可能都相当不错,或者同一个对象在不同的人看来,再现的东西也可能有所不同。虽然把一朵云当作艺术对象会很荒谬,但要把一朵云当作再现的对象则很平常。萨姆在看到云时,说看到了一条龙在喷火,萨莉则说看到一只蜜蜂停在一朵花上。再现理论如果是正确的话,是不是说艺术作品欣赏者看到的对象所再现的东西就得和艺术家所看到的一样,或者说所有欣赏者看到的对象所再现的东西都是一样?再以云为例,如果萨莉一会儿看到的是蜜蜂和花,一会儿看到的是龙,那该作何解释呢?艺术作品是不是只需要再现一个对象?也许这些问题可以讲得清楚,但毫无疑问,如果不对这一理论进行扩展,这些问题就无法解决。

很明显,严格意义上的艺术再现理论有问题,宽泛意义上的艺术再现理论也有问题,但这并不意味着艺术再现理论——不管是古代的模仿论的观点还是当代的定义——就毫无道理。

确实,对每个理论的每一次思考都会产生一些疑问,尽管有些是很小的疑问。重点在于,这样做不是要鼓吹怀疑一切,或者教导学习美学的学生这种做法没有任何收获。我只想说明,每个理论都有支持者,也有反对者,每个理论也都有问题。努力去完善那些最引人入胜的理论,就会体验到对理论的哲学分析的乐趣。因此,对于一个美学读者来说,重要的是要找到没有致命缺陷的理论,或者找到值得探讨的理论,在此基础上进行阐述和回答疑问。

4.3 浪漫主义

从时间顺序上看,浪漫主义是对艺术进行界定的第二种理论。浪漫主义在启蒙运动之后,在启蒙运动时期,对个人能力及其独特的思考能力的推崇逐渐取代了中世纪的宗教和权威的特点。奇怪的是,浪漫主义强烈反对启蒙运动。启蒙运动提倡人的心智活动,浪漫主义则强调情感或激情。浪漫主义感兴趣的是个体自省和情感的状态,因此浪漫主义在本质上把艺术看作个体充满激情的天性的释放和个人情感的宣泄。

这不是说艺术家只是在创作自我情感表现的作品。首先,艺术家创作作品是为了传递自己的情感;其次,这些情感本质上应当具有普遍性;最后,这些作品就象征着普遍的情感。艺术的沟通和普遍情感的象征赋予了艺术自己独特的价值。正是因为浪漫主义的出现,"为艺术而艺术"的口号才得以盛行。艺术之所以特别重要,不是因为它具有工具性的价值——不是因为艺术能带来其他价值——而是因为艺术本身的价值。我们要说的第一个浪漫主义者是德国形而上学家叔本华,此前在谈到审美态度时曾提到他。

4.3.1　亚瑟·叔本华

亚瑟·叔本华发现,艺术不仅具有内在的价值,或者说具有艺术自身的价值,艺术还具有工具的价值。实际上,他认为艺术的工具价值最重要,艺术具有最高层次的工具的价值。对叔本华来说,正是通过艺术,人们才找到摆脱意志的方法。为了搞明白叔本华的这一观点,我们必须像了解柏拉图的观点一样,先了解叔本华的形而上学的思想。

和柏拉图一样,叔本华坚信感知的世界只是实在的一部分。此外,还有一个更重要的实在,他论述这个实在的方法和柏拉图相似。叔本华相信柏拉图的理式,即我们所看到、感觉到、听到的世界只是反映实在的一面镜子。与柏拉图不同的是,叔本华对我们为什么与实在隔了一层作了解释。问题就出在自然世界充斥着叔本华称之为"意志"的东西。

在叔本华所写的《作为意志和表象的世界》(*World as Will and Idea*)一书中,他认为自然世界的特点就是意志。意志是生存的意志,是对物质条件和舒适生活的欲求。虽然意志本身是不可知的,但它通过需求、匮乏和痛苦表现出来。我们的一举一动都是意志物化的体现,因为我们的一举一动都指向我们的生存和满足。具有讽刺意味的是,我们永远不会满足。在自然世界中,欲求是一种常态,我们越是想要逃避"欲求",我们对此就越是无能为力。在欲求中挣扎预示着我们的不快乐和矛盾的生活,到头来却强化了意志。

然而,叔本华的形而上学不是绝望的形而上学。像柏拉图一样,叔本华也提出了通往理式世界,也就是自由世界的方法。他找到了两种方法。第一种方法非常极端,就是要刻意地抵制欲望,做一个禁欲者,不再追逐名利。与之相应的是,还要听从劝告去学习哲学,专注于冥思来排除口腹之欲的干扰。第二种摆脱意志控制的方法不像禁欲者的方法那样一劳永逸。叔本华说,如果我们把注意力集中在欣赏艺术上,并且不带意志地欣赏艺术,我们就能够摆脱意志的控制。接下来必须要做的就是沉思于艺术之中,特别是沉思于艺术体现的普遍性和本质之中。做到这一点,我们就从世俗的束缚中解放了出来。

艺术对象阐明了理式,或者说在一定程度上显现了理式。艺术越伟大且艺术家的才华越出众,艺术展现的理式也越伟大。艺术对象融入了具有普遍性的要素或要点。通过艺术,我们能够超越"特殊",沉思理式。艺术给我们呈现的是"世界永恒的本质理式及世界所有的现象"。因为理念或理式是超现实的,因此它解放了我们,使我们进入纯粹的"无意志"状态,进入这种状态我们就失去了自我,摆脱了因欲望而产生的痛苦。对审美对象的无意志的沉思表现为无旨趣。具有想象力的人才能进入无旨趣的状态,叔本华把这类人称作具有艺术天分的人。创作艺术作品需要艺术天分,欣赏艺术作品也需要艺术天分。每个人都能欣赏艺术,从这一点上说,每个人都有那么点艺术天分,但是每个人的艺术天分的层次不一。为了欣赏艺术,每个人都有点天分,但是多数人却没有足够的天分进行艺术创作。

因此,为了摆脱意志的重负,除了选择禁欲者的生活方式之外,艺术就是生活带给我们的唯一慰藉。一个对象要成为艺术对象则它(1)是一件人工制品,(2)在一定程度上是理式的普遍性和无意志的实例,且(3)通过沉思来摆脱意志的束缚。

好了,虽然这种分析看上去有点玄乎,但不难看出这体现了浪漫主义的观点。撇开叔本华的两个世界理论的对错不说,叔本华指出,艺术能够使我们从生活的不快中解脱出来。通过欣赏艺术对象表现的普遍性、永恒和对欲求、烦恼的超越,我们就得到了解脱。

对叔本华来说,通过音乐,尤其是形式音乐,能够帮助我们最大限度地摆脱意志。对形式音乐的沉思,譬如说对巴赫(Bach)那样的形式音乐的沉思,可以直接深入到事物的本质。在欣赏艺术时,我们用无旨趣的眼光看待艺术,不受个人利益和欲望的影响。如此这般,我们就可以为了艺术本身而欣赏艺术,不是把艺术作为满足某些欲望的手段,而是作为体验真理的方法。

4.3.2 弗里德里希·尼采

在形而上学的理论和浪漫主义之间发现某种联系并不是件难事,特别是说到叔本华和我们将要介绍的下一位哲学家弗里德里希·尼采时更是如此。与叔本华一样,尼采也主张意志的概念。但与叔本华不同的是,尼采所说的意志不是消极的、厌世的力量,而是充满生命力、创造力和力量的意志。

尼采设想艺术由两种分离的能量综合构成。这两种能量从自然迸发而来,它们分别是阿波罗型①的能量和狄俄尼索斯型②的能量。尼采把阿波罗称为一切"创造的能量"之神。阿波罗代表人工性、个性化、努力、结构以及对称;与之相反,狄俄尼索斯则与阿波罗对立,意味着个性化和结构的消亡,代表自由表达、狂欢、兴奋、自发性、活泼,甚至也许代表肆意妄为。这两种能量一种指向形式,另一种指向情感表现,艺术正是通过这两种能量的协调才得以创造出来。通过艺术家和艺术家创造性的过程,两种能量的协调得以达成。

通过阿波罗和狄俄尼索斯的力量的综合,悲剧——尼采探讨得最多的艺术形式——这种最上乘的艺术产生了。悲剧艺术通过一种尼采叫作"狄俄尼索斯的阿波罗化"的结构处理,使我们认识且能够应对冷酷的现实。如此我们就能理解这个世界。悲剧的存在不是使我们

---

① 阿波罗是希腊神话中的太阳神。——译者注
② 狄俄尼索斯是希腊神话中的酒神。——译者注

消沉,不是使我们听命于生命中的消极因素。悲剧的存在是用它带来的所有痛苦帮助我们肯定生命。

一旦艺术被创造出来,就会体现出巨大的价值。尼采说,艺术使生命成为可能,使人生更有价值。艺术与生命不可分割。创造和欣赏艺术的冲动是人的天性,本质上就是如此。这种冲动根植于美好的生活。艺术不单是对自然的模仿,艺术是对现实的补充,完成自然不能完成的任务。艺术有突破和变化。艺术绝不会停滞不前;艺术是积极的,不是消极的或静止的。

因此,对尼采来说,一个对象要成为艺术对象则它(1)是一件人工制品,(2)是阿波罗和狄俄尼索斯两种力量创造的结果,也就是说,既具有秩序/形式的品质,也具有拥抱生命/肆意妄为的特点,且(3)是理解、欣赏生命和大自然的一切的方法,是肯定力量、创造力和充实的方法。

和叔本华的定义一样,尼采的定义乍一看似乎太过于玄乎,没有什么实际价值。不过,同样不难看出尼采的定义中浪漫主义的成分。要过上真正的生活,我们就必须拥抱生命,拥抱生命中的一切欢乐和痛苦。为了欣赏生活,我们必须深刻体验。艺术不是用随意的方式而是通过秩序和发挥提高生命品质的功能,给我们提供这样一个欣赏生活的机会。

我们之所以经常会被美术馆的作品和剧场的演出所吸引,其中一个因素是我们对某些艺术对象的强烈的情感反应。这种情感反应一直以来几乎都被视作艺术经验的不可或缺的部分。没有情感反应,我们对艺术经验的表达就不完整,也无法解释为什么我们经常会去美术馆和剧场。想想你自己的情况,你所经历的最值得回忆的艺术经验是什么?你是不是很喜欢回忆这些经验?你是不是回忆起了你当时的感受?或许你在回忆时也体会到了当时的感受?许多最能带来审美感受的经验,许多最美妙的艺术经验,都明显包含有强烈的情感内容。作为一种艺术理论,浪漫主义不会很快就被抛弃。抛弃浪漫主义至少会否定最优秀的艺术带给我们的真实生活的体验。

4.3.3 对浪漫主义的思考

浪漫主义的理论令人鼓舞,它对艺术的本质从感性的角度作了有力的解释。浪漫主义包罗万象,它使我们认识到,模仿艺术是对生命和自然的美好一面的模仿,印象主义、表现主义、现实主义等艺术运动是深层次的普遍情感的展现,甚至可以把强调形式的艺术作品看作情感的结果,就像叔本华对待形式音乐那样。由此看来,情感似乎存在于几乎任何艺术对象之中,情感表现,尤其是肯定生命的情感表现,能够使我们理解并协调痛苦和欲求,似乎是艺术构成的本质要素。

然而,浪漫主义理论也存在一些明显的问题。它对艺术分析的充分性是一个尤其尖锐的问题。如果艺术本质上就是生动的情感表现,那么是不是所有生动的情感表现都是艺术?政客演讲时的狂热或传教士布道时的激情是艺术吗?当然,这些人的活动表现了深刻和强烈的情绪,不过这些活动就是艺术吗?有人误把政治演讲或教会布道当作一种行为艺术,这种看法似乎还没有入门。这不是说演讲或布道什么的就不能被当作行为艺术来看,或者说行为艺术就不能包括演讲或布道。但是,把典型的周日早上教会布道或总统的国情咨文演讲当作艺术则是不恰当的做法。

除了充分条件的问题之外,浪漫主义可能还面临必要条件的问题,即,所有艺术都必须表现情感。这个问题似乎可以纳入一个更大的问题,即,艺术家的意图就是表现情感。虽然对于艺术家创作的艺术作品来说,艺术家的确能够,也许确实知道自己的意图——创作作品的潜意识的原因这些因素除外——而且虽然艺术家可以将其意图传达给那些希望批判、解读或只是想欣赏其作品的人,但是通常并不是那么轻而易举地就能看出艺术家的意图。人们在看到米开朗琪罗(Michelangelo)的《圣母怜子像》(Pietà)时,有理由确信他们知道米开朗琪罗的意图;但一个漫不经心的观众在纽约现代艺术博物馆看到杰克逊·波洛克的作品时,可能就很难解释他的作品表现的意图了。这是因为再现艺术的作品常常会遵循某些常规,这使我们能够揣测艺术家创作作品的意图。不过,对类似波洛克创作的形式化的作品或玄奥的抽象作品而言,要揣测艺术家创作作品的意图可能就完全无章可循了。

我们经常用艺术家的意图来解读作品或以此作为判断某物是否

51

是艺术的标准。不过,如果艺术家意图这种做法有问题,鉴于我们与艺术家的意图之间可能会有距离,那么无论是推测创作者希望特定对象被看作艺术的愿望决定了艺术的性质,还是推测人们所指的艺术就是生动情感的表现,这种把判断艺术的标准降低成某种推测,似乎就不是一个好办法。

我们怎么知道一个作品包含了或就是情感的表现呢? 这个简单的问题难以回答。情感表现在许多作品中也许会有明显的体现,但在形式化或高度抽象的作品中就很难发现。如果人们非得要通过推测艺术家的意图来判断作品是否表现了情感,那就会走进死胡同。重申一下,这对形式化或抽象艺术而言尤其如此。

52 4.4 表现主义

一开始就要把表现主义的艺术理论和浪漫主义的艺术理论的差别论述清楚会有些困难。我们不对两者的区别武断地进行判定,只简单地从新近的一种观点来探讨表现主义的理论,这种观点从浪漫主义的本质要素,也就是从生动的情感表现来探讨表现主义。从这种新近的观点来看,两者真正值得探讨的差别在于,表现主义者更关注与观众的情感交流。这意味着比起浪漫主义者来说,表现主义者不太愿意形而上地探讨艺术,对生动情感的表现机制却探讨得更为具体。

浪漫主义和表现主义在时间上表现为截然不同的情感引导理论或者“唤起”理论,两者之间的联系,用华兹华斯①(Wordsworth)那句著名的话来说就是,所有优秀的诗歌都是强烈的情感的自然流露。本节我们要讨论的哲学家包括俄国作家列夫·托尔斯泰、意大利唯心主义者贝内代托·克罗齐以及英国哲学家柯林伍德。我们从托尔斯泰开始说起。

4.4.1 列夫·托尔斯泰

毫无疑问,托尔斯泰是一位著名的作家,但他也是一位有影响的

---

① 华兹华斯(1770—1850),英国浪漫主义诗人。——译者注

而且是相当有争议的美学家。托尔斯泰认为艺术本质上是一种交流的形式。艺术旨在传递普遍的情感。艺术家感受到情感,在作品中表现情感,然后通过作品把情感传递给读者。没有与读者的交流,艺术的情感表现就不完整。读者通过艺术家创作的媒介重新体验艺术家的情感,没有读者,就没有艺术。

这一点很重要。对托尔斯泰来说,艺术不是"情感的自然流露"。如果艺术没有和观众或听众建立起某种联系,艺术作品就不是成功的作品。艺术家仅仅表现情感,仅仅宣泄情感或宣泄表达清楚的情感,都是不够的。没有交流,就没有艺术——或者至少说就没有优秀的艺术。在某种程度上,从我们通常的艺术经验来说,托尔斯泰抓住了多数人认为艺术最重要的因素,就是我们——我们受众——体会到艺术的感染力。艺术家有所感受并通过创作作品来表现其感受,这还不够。艺术要取得成功,就得让我们感受到艺术家的感受,或者至少得让我们感受到艺术作品能够带给我们的感受。情感对艺术来说很重要,但是情感交流才最为重要,有了情感交流,读者才可能感受到情感。如果没有交流,艺术家怒吼咆哮的情感表现到头来只不过是一团糟(譬如把颜料胡乱洒在画布上,毫无章法地创作音乐)。虽然有些极富情感交流的艺术可能具有无序或随意的特点,但如果这些无序或随意的表现没有让观众体会到艺术家的情感,那这种艺术还是一团糟。

重要的是要注意,托尔斯泰并不认为艺术,或者观看艺术一定得给观众带来愉悦感。他认为,艺术是生活的自然组成部分,不是偶然的感受,愉悦感可能就是偶然的感受;生活绝对是生动、完整的,艺术就是这生动、完整的生活中的一部分。艺术不等于愉悦,甚至可能不等于艺术家和读者交流的愉悦主题。艺术是建立在艺术自身基础上的艺术家和观众的关系。所有艺术作品都是把观众带入与艺术家交流的特殊关系之中,观众不光与艺术家交流,还与被带入这种关系的其他每个人交流。这种艺术家和观众之间的"艺术关系"建立起一个由艺术创作者和所有艺术欣赏者组成的群体。如果个体不能与艺术家产生共鸣,观众之间不能分享他们的体验——尽管他们可能从不会碰面——就不会有艺术。

53

艺术家的工作就是要唤起自己曾经体验过的情感,然后通过感性的媒介,通过颜色、形体、旋律、和谐、造型、动作等,将其情感传递给观众。艺术家通过这些媒介外部因素把自己的情感传达给其他人,力图用这些情感去感染观众。

托尔斯泰在《艺术是什么?》(*What Is Art?*)中写道:"衡量优秀的艺术的唯一标准就是看它有多大的感染力。"感染力越强,艺术就越优秀。这种感染力转化为观众体验艺术家情感的强烈程度、感受艺术家情感的准确程度以及艺术家表现的情感的真挚程度。的确,评价艺术水准在很大程度上取决于对作品真挚程度的衡量。托尔斯泰对艺术家和观众的交流关系分析的重点是,艺术家创作的真挚以及观众被激发出的情感的真挚程度。艺术家永远都不要试图操纵观众。艺术家创作的作品如果不是出自真实的情感,就不会是艺术。

托尔斯泰说,除了交流和真挚的感染力之外,艺术家还必须向观众宣传一种真正意义上的社会宗教态度。艺术家要传递的不仅是情感,而且是与作品创作的宗教环境一致的情感。任何社会似乎都对那些鼓励懦弱或无信的作品深恶痛绝。创作颂扬刚毅、勇气、力量和秩序的作品就是遵循古希腊的优良传统。创作弘扬慈悲、灵性、爱以及希望的作品就是创作和犹太—基督教色彩浓厚的社会的宗教环境完全一致的作品。

由此看来,托尔斯泰给艺术家提了不少要求,这些要求甚至难以做到。因此,对托尔斯泰来说,一个对象要成为艺术对象则它(1)是一件人工制品,(2)是有感染力的形式,这种形式是发自肺腑感受到的普遍情感的交流形式,(3)唤起了观众的真挚的情感,且(4)符合作品创作的宗教环境。

也许立马就可以发现托尔斯泰定义的明显的问题,从他论述的道德因素就可以看到,这些问题也许使艺术的定义模糊不清。有些问题是托尔斯泰的表现主义的艺术定义才有的。

第一,对许多艺术,尤其是近期的艺术来说,艺术公认的倾向,不是迎合宗教氛围,而是挑战宗教氛围。如果我们把与宗教氛围格格不入的作品排斥在外,那么有相当多的明显且已经是艺术的作品就不会是艺术。这是托尔斯泰的定义最突出的问题。

第二个只有托尔斯泰才有的问题是真挚情感的感染力的问题。虽然情感交流这一条件是表现主义传统的标准,但是要求用表现的情感的真实程度来感染观众则可能会过火。如果我们看到一幅殉道的绘画,譬如说关于圣塞巴斯蒂安(St. Sebastian)①的绘画,我们应当感受到利箭射中这位圣人时的刺痛吗? 我们应当体验到绑缚、肉体痛苦等感受吗? 真挚的感受是身临其境地感受这种情感还是仅仅以抽象的方式感受这种情感?

真挚的感受是不是说我们应当试图阻止痛苦的发生? 以麦克白(Macbeth)谋杀邓肯(Duncan)②这场戏为例,观众是不是应该身临其境地感受舞台上发生的事情,说服麦克白不要变节或者从他的手中把刀夺下来? 观众这种移情的程度就有点过头了,与对艺术作品的恰当反应也不相称。虽然托尔斯泰并不是要观众冲到台上去或想到圣塞巴斯蒂安的遭遇时就真的痛苦不堪,但理解了真挚情感的感染力的含义就会发现它确实有问题。

也许对这个问题的回答是,观众不应当在看到关于圣塞巴斯蒂安的绘画时像圣塞巴斯蒂安那样来感受,但应当像艺术家在沉思圣塞巴斯蒂安的处境时那样来感受。如果这才是恰当的反应,那就会遇到上一节我们讨论过的类似的问题,也就是理解或发现艺术家的意图或艺术家情感的问题。但这不只是托尔斯泰或上述阐释才有的问题。

4.4.2　贝内代托·克罗齐

贝内代托·克罗齐是19世纪中后期到20世纪中叶的一位意大利唯心主义者,他同时也是表现主义艺术理论的支持者。与托尔斯泰不同的是,克罗齐更有点像是一个浪漫主义者。克罗齐并不太关注像真挚、感染力及宗教氛围这些细节,他更关注表现本身的机制。譬如,艺术家如何通过艺术创造来表现? 艺术家表现的是什么?

"情感"对克罗齐来说是一个太模糊的词汇。艺术不可能只是情

55

---

① 圣塞巴斯蒂安(256—288)是一位基督教圣人和殉道者,据说在罗马皇帝戴克里先(Diocletian)迫害基督徒期间被杀。其出生年月不详,有争议,一般认为是公元256年。——译者注

② 莎士比亚悲剧《麦克白》(*Macbeth*)中的情景。——译者注

感表现的事情。艺术所表现的不是情感,而是直觉,更具体地说,是抒情的直觉。从这一点可以看到浪漫主义者和 20 世纪的表现主义者之间有相当明显的分歧。表现主义的兴趣不只在情感这一方面,而是像启蒙运动一样,重新转向了人的认知功能。

对克罗齐来说,美学是意象或直觉知识的科学。克罗齐认为,审美经验就是认知经验的一种形式。当我们感受世界时,首先感受到的是克罗齐称为的"粗糙的感觉印象"。这些粗糙的感觉印象被澄清之后就成了直觉。直觉是艺术表现的构成要素。成功地表现直觉就是创造艺术。不成功艺术的错误不在于直觉的表现,而在于粗糙的感觉印象未能完全转化为直觉。

克罗齐说,艺术就是直觉。"直觉"这个词如今普遍使用的含义指本能的认识,或像哲学家笛卡尔(Descartes)那样指的是对不言自明的真理的掌握,但克罗齐说的这个"直觉"不是这个意思。克罗齐认为,"直觉"是形象的内在视觉。直觉是直接的知识,这种知识源自感知者对经想象而形成的意象的感悟。直觉是心智活动最基础,也是最根本的操作方式。

既然艺术与直觉表现密不可分,那么顺理成章的就是,艺术作品本身就不是物理对象,而是表现的直觉本身。艺术作品不是物理的东西,而精神的再创造。一方面,物理的艺术品只是交流的媒介,只是传递表现的载体;另一方面,艺术作品也不是超感觉的东西,就像处于柏拉图的理念世界那个层次一样。相反,克罗齐认为,艺术作品是"特别具象的"有意识的思索,就是说,艺术作品是对事物意象的刻意的领悟,是对意象的最基本形式的领悟。还有,直觉只有通过艺术家的创造才能表现出来,此外别无他法,这是不可言喻的。只要通过特定的艺术作品的表现,直觉的表现才会出现。

克罗齐说,纯粹的模仿不是艺术,纯粹的模仿也许值得尊重或值得赞赏,但它不是艺术。简单地再现并不表现清晰的直觉。直觉是克罗齐的试金石,他认为,艺术家必须有十分丰富的感觉,要思考直觉,对直觉"起意志""起作用",以此充分表现直觉。艺术家在表现之前必须通过分析思考意象来澄清直觉。对自然的某些物体的模仿并没有这种认知活动的要求,因此模仿本身不是艺术。对自然对象的模仿也不例外。这也就解释了为什么艺术原作本身要比临摹原作的作品更有吸引力、更有价值。

表现之前需要"认真思考"部分是因为人格是艺术的必需的构成要素。此外,克罗齐还说,人格的完善与道德有关。这就使得道德意识成为艺术的另一个必需的要素,这有点像托尔斯泰的观点,但是克罗齐并没有明说是哪一种道德意识(他没有提宗教)。也许克罗齐和托尔斯泰的意思是说,艺术应当拥护社会推崇的一般道德取向。克罗齐的意思也可能是说,艺术应当表现艺术家的是非感。

不管克罗齐是什么意思,在这一点上他遇到了和托尔斯泰一样的问题。有许多作品既没有表达什么道德意识,创作这些作品的艺术家也不太可能有表现道德意识的意图。譬如说,波洛克后期的作品或布拉克(Braque)①的作品表现出了什么道德意识吗?虽然经过一番揣摩,这些作品可以被解读成是对现实或社会的某些方面的表达,但要说这些作品表现了什么特别或具体的道德的东西就确实勉为其难了。

如果不考虑道德意识的条件,克罗齐对艺术的分析就是:一个对象要成为艺术对象则它(1)是一件人工制品,且(2)是在艺术家澄清直觉及分析直觉下的艺术家直觉的表现。

至少在情感为基础的艺术表现向认知或理智转变这方面,克罗齐的观点是超前的。从20世纪艺术的性质来看,从情感、情绪向认知、理性的转向有明确的理由。抽象表现主义不久之后的20世纪艺术的重心不在于心情,更多的在于脑力。这么说当然指的是艺术开始呈现出了概念化的趋势。面对20世纪的艺术,人们不是去感受艺术家有什么意图或艺术对象传递了什么情感,而是去思考这些艺术。艺术家在想什么?作品呈现了什么挑战?如何最佳解读作品?在抽象表现主义之后,人们较之以前更倾向于用认知的方式来对待艺术。现在并不提倡面对艺术对象去感受艺术对象,而是要求人们有所思考。观众,也就是接受者的作用本身并没有降低,只是发生了改变。现在我们不是去感受,而是去思考。

多数20世纪的艺术——我们姑且统称为"现代"和"后现代"艺

---

① 乔治·布拉克(1882—1963),法国立体主义画家。——译者注

术——比更富情感表现的艺术,甚至比再现艺术对分析思考的要求都更高。人们都喜欢体验愉悦的感受,不愿意苦苦思考,而多数现代艺术一眼看去并不令人愉悦,欣赏这些艺术可能需要某种投入。如果人们愿意花时间和精力来思考现代艺术作品——思考它的含义或如何阐释它,或者甚至思考它是如何融入艺术史、呈现了什么挑战——也许人们得到的回报就是对作品有更加深刻的理解,对作品有更具深度的欣赏。比起 20 世纪前的艺术的直接情感给人的愉悦来说,这可能是一种更深层次的愉悦。总之,贝内代托·克罗齐感兴趣的是艺术所表现的思想的认知构成,或艺术所表现的直觉。毫无疑问,克罗齐的方法不是那种只针对情感的分析方法,而更像是要求当代观众欣赏当代艺术所采用的方法。

4.4.3 R.G.柯林伍德

罗宾·G.柯林伍德是紧随克罗齐之后的英国哲学家。柯林伍德的理论表现(恕我使用了双关语①)在他的《艺术原理》(*The Principles of Art*)一书之中。这本书的理论色彩要比克罗齐的艺术表现理论逊色一些。柯林伍德首先尝试从“艺术”这个词的日常使用含义来定义“艺术”。在《艺术原理》中,他探讨了人们如何使用“艺术”这个词、这个概念。他分析了“艺术”与“技艺”“再现”“魔术”以及“娱乐”的联系。柯林伍德指出,“艺术”这个词最初指的是“技能”或“技艺”,现在的“艺术”仍有这个意思。人们说的“教学艺术”或“摩托车维修的艺术”就有“技能”或“技艺”的意思,但这不是柯林伍德称之为的“艺术”本身。正如前面讲到的一样,古代希腊人用“艺术”这个词来指“再现”或“模仿”,这种定义接近早前艺术的“技艺”的定义。对再现来说,艺术家必须展现出高超的技艺才能创作出想要再现的对象,也就是说,创作的东西看上去要像再现的自然对象。即使现在,人们上绘画课也可能不是学习如何创造、创新,而是学习熟练的艺术创作技巧。人们学习阴影、维度、背景及其他各种东西。这当然就是在学习某种技术。因此,古代希腊的艺术“再现”定义与艺术“技艺”定义没有什

---

① 此处的表现不同于表现主义的表现。——译者注

么大的不同。柏拉图和亚里士多德所说的模仿的艺术品的形成过程和其他技术和技艺创造产品的形成过程是一样的。接下来柯林伍德的研究指出,拉丁语中艺术(ars)这个词的意思是通过书本获得的或通过教学而获得的任何学习内容。直到18世纪后期,艺术才明确地指"美术"或"美的艺术"。柯林伍德确认了(1)艺术,或艺术本身与创造事物有关,(2)艺术本身与情感唤起有关,但他紧跟着说,艺术不等于情感唤起。柯林伍德接着开始了他对表现主义的分析。

首先,他同意克罗齐关于艺术家仅仅是为了表现情感是不成熟的说法的观点。柯林伍德认为,情感表现就是要有明确的因素,一些必要的因素包括:(1)情感并不是简单地顺便向观众一笔带过,而是要费心地向他们展示;(2)情感表现要个别化,是当下情感的表现,而不是一类情感的表现,例如愉快或悲伤;(3)表现不只是为了唤起情感,因为艺术的情感表现不是操纵。艺术家对观众必须绝对坦诚。艺术家如果没有坦诚的精神,其表现只能是对观众的操纵,或者更糟糕的是,这种表现毫无情感可言。其次,艺术家必须认真处理他费心表现的情感。艺术家不可以表现狂怒、咆哮[柯林伍德指责贝多芬(Beethoven)的音乐就是这种类型]。他们不得向受众说教,而必须润物细无声地向受众传达某种具体而独特的情感。

因此,一个对象要成为艺术对象则它:

(1)是一件人工制品(特别是像柯林伍德分析的人工制品),且
(2)以独特方式展现的对具体情感的用心且真诚的表现。

除了对情感表现的艺术观点进行改进之外,柯林伍德也向我们展现了一种当代视野的哲学观。哲学诉诸语言研究——细致研究词语是如何形成的,这些词语所指何物以及当人们在使用这些词语时的想法——是20世纪哲学的标志性特征。柯林伍德对哲学问题的语言分析有助于我们从更深层次寻找传统问题的答案。或许有了克罗齐,美学的主题开始从纯粹的情感领域转向认知领域;有了柯林伍德,美学问题的解决方式开始受到关注。

4.4.4 对表现主义的思考

对多数读者来说,柯林伍德的艺术表现理论算得上是最熟悉且可

能是最容易被接受的理论了。表现主义既不会让人肩负宗教或道德的责任，也不会使人承受形而上学之苦。它也没有片面强调情感自然流露的那种艺术的明显缺陷，这种缺陷把尽情吼叫也当作艺术。对许多观众来说，情感在艺术欣赏中占很大的分量。确实，我们在把艺术当作艺术来欣赏时有一些情感动机是必要的，这种观点很有道理。（注意，艺术的定义只是从我们把对象当作艺术来欣赏的角度来界定的，这与我们在这儿讨论的表现主义是不同的理论。）表现主义理论通常注重的并不是观众的感受，而是艺术家及其创作的过程。然而，艺术的表现要想大获成功，观众与艺术家的交流似乎不可或缺。优秀的艺术家会通过某些艺术媒介渲染情感来创作作品，这些作品在情感方面与我们建立联系并打动我们。因此，也许最好是把表现主义理论视作一种"艺术—表现—交流"和"观众—感受—回应"的关系理论。

无论如何，表现主义理论还是存在一些明显的问题。第一个问题是真正的交流是否有可能性。所有从交流和关系角度来定义艺术的观点都主张，观众需要理解艺术家向他们传达或表现了什么，不过，我们并不能十分准确地，或者根本不能确定我们的理解是否正确。如果真的不能确定理解是否正确，那么我们就没有办法知道是否在进行有效的交流。我们了解的信息是正确的吗？这样看来，表现的成功既决定了（1）所表现的艺术是不是好的艺术，更关键的是，它也决定了（2）从更根本上说，所表现的究竟是不是艺术。这第二点思考尤其让我们对表现主义产生了困惑。如果我们碰巧与作品进行了交流，但并没有理解艺术家创作的必要步骤，那么无论我们怎么高估这个作品的艺术性，它也不是艺术。因此，"了解正确的信息重要吗？"这个问题似乎对表现主义理论家来说就很重要。

另一个明显的问题涉及艺术家希望表现的那种再创造。就是说，在某些情况下，艺术家确实并不知道他要表现什么，这该作何解释呢？弗洛伊德学派和其他心理学批评家认为，艺术家也许并不能完全意识到他们通过艺术创作表现了什么。也许有人会默认这种观点，进而认为，艺术家能否完全意识到他们所表现的情感或直觉并不重要，只要他们的表现是充分且认真的就可以了。这种观点似乎有道理，但它面临的问题是，如此一来，所有人，包括艺术家自己，又都不知道他们表现的是什么了。

最后,还有一个问题。有些艺术似乎看上去并没有表现出什么情感,对于此类艺术又该作何解释呢? 再进一步说,如果艺术家本意也不想表现任何情感,这又如何解释呢? 如果确实存在(1)不是为了表现情感的艺术品,(2)事实上与情感交流不搭界的艺术,那么表现主义理论对艺术的解释就是不完备的。这个问题在简述克罗齐的理论时也曾提到,它也许是表现主义最难回答的地方。或许情感表现的观点太过于简单了。

再来看看纯粹形式化的音乐以及过去几十年计算机创造的音乐。程序化的计算机生成与声音有关的数学公式。当计算机生成不同的值,不同的声音也就随之产生。数学可以生成特定模式,音乐也是如此。在某种意义上,计算机生成音乐与巴洛克时期的作曲家用高度形式化的方式进行音乐创作并无很大的不同,这种高度形式化的方式采用复调和其他音乐(数学)技术来生成声音模式。计算机音乐与真正的音乐一样引人入胜,并且像其他形式化的作品一样配得上被称为"音乐",但计算机音乐本质上并不是情感的表现。看看 20 世纪的视觉艺术,那种认为艺术是情感表现的困惑就会荡然无存了。在很多情况下,艺术不再要求受众去感受,而是要求受众去思考。表现主义的思想或许并无不妥,但艺术仅仅表现情感的思想则可能过于简单。

表现主义理论得到了美学家、评论家、艺术家及其他领域的人士的广泛认同。就像艺术给人们提出的挑战一样,也许表现主义理论也给我们提出了挑战。

4.5 形式主义

严格地说,形式主义在康德那个时代就已经出现了,但今天人们谈论的形式主义可能是近几十年来才有的观点,这种观点因批判学派的新批评派而著名。与以前的艺术理论不同的是,形式主义对艺术家意图的问题作了认真的思考(当然这在某种程度上取决于美学家)。在近年来的形式主义理论家中,最有名的当属克里夫·贝尔和他的"有意味形式"理论(我们在"审美经验"一章中提到过他)。名声稍逊但仍具影响力的包括乔治·爱德华·摩尔（George Edward Moore），罗杰·弗莱（Roger Fry）——纯粹的形式论者，以及门罗·比尔兹利，后者对形式有另一番论述，十分强调从客体的形式来界定艺术。

这种转变很有趣：美学家和评论家不再在从艺术家和创作过程来判断某个东西是否是艺术的问题上纠缠不休；相反，他们把研究的重点放在了对象，也就是艺术作品上。形式主义有两种观点：一种观点只是讨论对象的客观构造，强调对象的属性以及这些属性的相互关系，但这些属性只能通过与对象的直接感官接触才能够被感知到。另外一种被更多人接受的观点则强调对象如何影响受众，这种分析称作"接受"理论，意指受众怎样接受艺术作品或者受众如何体验艺术作品。一些形式论者（譬如贝尔）把这种理论称作"唤起"理论，因为艺术作品激发了观者的情绪。如果受众在某些方面受到了影响，也就是说，受到了对象形成的过程、形成的样子以及对象所具备的客观属性的影响，那么这个对象就是真正的艺术。此外，对美学家和评论家来说，了解受众是如何受对象影响的要比了解艺术家的意图容易得多。这是因为：首先，艺术无论如何也是离不开受众的；其次，形式论者感兴趣的是受众如何受到实际的影响，他们并不需要了解某些个别艺术家的意图。形式论者使美学研究的重心从关注（可能难以接近的）艺术家及创作过程转向了对（容易接近且在场）受众的关注。

按照新批评派的观点，诸如艺术作品表现了什么、艺术家的构想、艺术作品的宗教或道德背景、艺术作品的历史背景、对艺术作品的评论等，所有这些问题虽然有趣，或许对作品评论来说很重要，但这些因素并非是判定事物是否是艺术的必须要件。决定艺术的唯一必要因素只能从作品自身上去找，任何感官体验正常的人，无论是什么样的知识背景、宗教信仰、道德水平、哲学观点或者其他义务，都可以感知到艺术作品的这些因素。作品自身就能够决定艺术的构成，这种观点使艺术的身份确立变得更为明确，也更容易。作品自身的因素对任何感官正常的人来说都是可以感知的。

4.5.1 乔治·E.摩尔

乔治·E.摩尔20世纪上半叶在英国工作，他是这期间最早的形式论者之一。摩尔的美学始于这样一种观点:审美冥思(经验和欣赏)体现了内在的价值,也就是它自身的价值(有别于工具性的价值或为了其他目的的价值)。审美冥思的好处在于它融合了情感——摩尔认为对艺术对象的注意必定伴随着情感——和对美的品质的认知评判这两个要素。美的品质在于审美对象本身,他对美的品质作了进一步的解释。

摩尔设定了一个宽泛的标准来判别事物在什么情况下才是美的。那就是:事物体现了有机的统一才是美的。表现了有机的统一或者"整体性"的作品就是艺术作品。各部分都有某种价值,但当各部分融合在一起时,整体的价值就大于各部分价值之和。不仅如此,一致性的程度也是评价作品是否是艺术的标准。不过,就定义艺术来说,关注统一性的内容就足够了。因此,一个对象要成为艺术对象则它(1)是一件人工制品。(2)具有整体性,即,具有有机的统一性。

摩尔并非是唯一主张艺术就是事物具有某种属性(譬如有机统一)的美学家。贝尔也认为,事物成为艺术的前提是它们具有某种客观属性。

4.5.2 克里夫·贝尔

与摩尔一样,贝尔也很重视观者在判定事物是否为艺术这一问题上的立场。大体上,从决定某些对象的性质这个角度来说,强调观者的立场是非常合理的。因为我们大多数人在面对艺术时就是这样的立场。当我们问:"这是艺术吗?"多数情况下我们是在问:"我相信这是艺术吗?"当我们力图确定一个东西是否值得我们严肃地进行审美思考时,我们会发现这个问题颇为有趣,但同样有趣的是,我们也可以决定是否把它悬挂在美术馆、教堂或会所,表达是否同意用纳税人的钱来资助这个东西的意愿,或者是否确定它的货币价值。

贝尔认为,事物能否成为艺术取决于它是否具有一个中心要素,这个要素是确定事物成为艺术的充分必要条件。如果事物体现了有意味的形式,那么就是艺术;如果没有体现有意味形式的客观属性,则不是艺术。这种分析颇为简单,它认为一个对象要成为艺术品则它:(1)体现了有意味形式的作品。

　　"有意味的形式"这个词组的两个英文单词都是首字母大写①,因为它们有特别的含义。有意味的形式指的是对象的那种改变和丰富观者经验的属性,它使观者产生审美体验。只有艺术作品能够促使观者产生这种体验。

　　这并不是说艺术作品具有某种特别的魔力。贝尔指出,我们对艺术作品产生这种特殊的审美情感的原因,是我们能够感知到特定的线条、形体、颜色、旋律、和谐、对称等因素。这些因素以正确的方式呈现,就意味着对象具备了有意味的形式。对观者来说,当在看到这些有意味形式的对象时,就会体验到这种审美情感。

　　贝尔所说的有意味的形式和美不是一回事。他认为,美是一个更宽泛的范畴,美的事物除了艺术外,还包括花和日落之类的东西。而且,美的事物总是让人赏心悦目的,但对有意味形式的事物来说未必如此。在感知事物的有意味的形式的过程中,我们对事物的联系和恰当性也需要有所察觉。只有这样,我们才能觉察到有意味形式的存在。因此,这种新的分析认为一个对象要成为艺术对象,则它:(1)是一件人工制品。(2)体现了有意味形式的作品。

　　贝尔承认他的理论似乎具有主观性。譬如,萨姆看到了对象的有意味的形式而萨莉却没有看到,这样对萨姆来说这个对象是艺术但对萨莉来说就不是。这个问题的解决办法取决于事物实际上具有的可感知的属性,这些属性是能否感知到有意味形式的关键所在。因为有意味形式是对象的属性,并且无论萨姆还是萨莉怎样看待这个对象,对象的物理属性并不会有本质的变化,因此能否觉察到有意味的形式只能由欣赏者的差异来解释,而不能用对象来解释。如果有人不能觉察到有意味的形式,那么最好的解释是:这个人(1)没有用心,(2)某些感官不太发达,或者(3)概念/认知的功能欠缺。这就避免了草率地把贝尔的观点归入主观论。

　　不过,贝尔的理论的确存在问题,而且似乎只有他的形式主义理论才会有这样的难以化解的问题。不止一个哲学家[例如罗耶·卡洛尔(Noel Carroll)]对贝尔的理论提出批评,指责他对有意味的形式的

---

　　①　"有意味的形式"英文即 Significant Form。——译者注

解释具有致命的循环论的缺陷。就是说,只有感受到了"有意味形式的情感"才能感知到有意味的形式,但是要感受到有意味形式的情感又只能通过感知那些有意味形式的作品来获得。因为有意味形式的情感需要有意味的形式来界定,所以用意味的形式来界定有意味形式的情感也就毫无意义。

即使贝尔的分析并不成立,但他至少为唯美主义的传统设定了一个基调。唯美主义认为,艺术对象之所以是艺术对象在于它们能够促使欣赏者产生某种经验,或者说是"审美经验"。然而,唯美主义界定艺术的办法从一开始就有问题。第一个困扰贝尔的问题是,他试图把作品中引起我们产生经验的因素与经验本身割裂开来。另一个问题是唯美主义导致的主观性:比贝尔更绝对的唯美主义观点可能会使某人怀疑某个对象是艺术品,但面对同样的对象,其他人未必也会有相同的看法。还有,人们一直批评唯美主义把对象是否具有的宽泛的艺术特点(例如美、审美价值或审美力)与对象是否是艺术混为一谈。不过,贝尔理论的唯美主义色彩并不突出,这一点他和门罗·比尔兹利差不多(我们在第 1 章"审美经验"谈到他,在第 8 章"形式主义"部分还会介绍他定义"美"的理论)。

4.5.3 对形式主义的思考

形式主义在探索"艺术是什么?"的问题中迈出了重要的一步。这一步之所以重要是因为形式主义更注重作品本身以及受众对作品的反应。形式主义力图避免过度强调那些决定对象性质的因素(譬如艺术家的意图、创作背景或者对象呈现的方式)。严格意义上的形式主义分析只关注作品本身、作品具有的属性以及这些属性的相互关系。

形式主义的发展伴随着新批评主义的发展而发展,其目的在于摆脱先前浪漫主义和表现主义的形而上和注重艺术家意图的束缚。由于现代艺术的不断发展,彼时的表现主义艺术理论实际上已经被抛弃了。随着印象主义艺术运动的兴起,开始出现了感觉导向的定义艺术的观点。形式主义此时则对事物(就事物本身而言)在什么条件下可以成为艺术进行了更精确的论述,它试图至少从最严格的表述来保证某种客观性。这里所谓客观性指的是强调对象本身的属性,这些属性对决定对象是否是艺术至关重要。尽管如此,形式主义仍然难以自圆其说。

除了上述问题外,形式主义还有两个明显的缺陷。首先,虽然专注于聆听音乐作品之类的形式较为容易,但在观看一件明显具有形式结构的视觉艺术作品时,要专注其中的形式就很困难。在观看大卫(David)的著名肖像画《苏格拉底》(Socrates)时,除了看到苏格拉底和其他人物之外还能看到什么呢?画中苏格拉底的形象如此鲜明,以至于我们不会注意到线条、形体、颜色这些形式化的因素。在观看印象主义和后印象主义的许多作品时,譬如莫奈或特纳(Turner)的作品,我们根本不可能只专注于形式而无视那些形象生动的干草堆、威斯敏斯特宫、天使或者船舶。在观赏舞台表演时情况更是如此。

也许形式主义面临的这个问题可以通过弱化形式来解决。在这种情况下,我们可能承认形象的模仿对于欣赏和评价都是完全合情合理的,但它对判定事物是否是艺术却没有任何帮助。不过,这种折中的办法从根本上削弱了形式主义的论点,也与知名的形式主义者的观点相左。此外,弱化的形式这种观点是否真的有用也未可知。我们要问一问,为什么在判定事物是否是艺术时我们就非得只注意形式的因素?为什么不能注意作品实际描绘的事实(譬如大卫作品中的苏格拉底)呢?如果形式主义不能给出答案,那么它的理论就值得怀疑。

4.6 反本质主义

20 世纪的反本质主义者主张所有的艺术作品没有共性。这种否定的观点认为艺术没有什么本质可言。如果把艺术作品看作一个集合,那么除了它们被称作"艺术""艺术作品"或"艺术对象"外,没有什么其他因素能够将这个集合中的成员联系起来。是不是所有的艺术作品都是美的呢?不是!是不是所有艺术作品都是模仿或表现的产物呢?不是!是不是所有的艺术作品都是情感的表现呢?不是!是不是所有的艺术作品都是人工制造的呢?也许是,不过割草机和食品加工机也是人工制造的(当然还会有人争辩说,并不是所有的艺术品都是人工制造的,有些艺术品就是天然的)。由于众多理论都不能清晰地论证艺术作品具有共同的特征,也由于 20 世纪艺术的革新有意无意地对艺术的种种界定提出了挑战,由此反本质主义者宣称艺术没有本质。

然而反本质主义者并不只是提出一个否定的论断,他们同时也(必须)给出一个肯定的论断,因为这样才能与宣称所有东西都是艺术的"无定义主义"区分开来(我们在本章第一节讨论过此问题)。反本质主义标榜自己找到了"艺术是什么?"这一问题的真正答案,因此它必须提出一个肯定论断,不管这个论断的肯定程度有多么低。

反本质主义定义艺术的肯定论断有三种可能性。(1)艺术的定义有多种,这些定义都是合理的,如果事物符合这些定义中的任何一种则都是艺术(这种论断可以用一系列选言命题来表述,例如,"艺术是 X 或 Y 或 Z")。(2)所有艺术对象并不具有共同特征,但是许多艺术对象与另外一些艺术对象具有共同特征,由此形成类似家族的艺术集合。(3)或者艺术是一个开放且必须发展的概念,因为虽然今天我们也许能提出某种艺术的定义(例如选言命题的定义),但明天这个定义可能就不适用了。本节我们将简要地探讨这些可能性,并对反本质主义提出的回答"艺术是什么"的哲学图景进行分析。

4.6.1 路德维希·维特根斯坦的影响

从时间上看,反本质主义的潮流在 20 世纪以前就出现了。多数美学家认为,反本质主义始于路德维希·维特根斯坦(Ludwig Wittgenstein)和他的"家族相似"理论。维特根斯坦的家族相似理论并不是特别针对定义艺术的问题提出的,他的理论针对的是事物的本质,而非特别针对艺术的本质。不过,正是因为他质疑形形色色的本质主义的哲学兴趣,他的家族相似理论也就成了反本质主义的艺术理论。维特根斯坦提出了一种哲学思路——就是家庭相似的概念——以此来回答"艺术是什么?"这个问题。

维特根斯坦赞同艺术没有本质的观点。此前在讨论柏拉图和叔本华时我们曾提到理式或者理念。理式才是特定的自然对象等诸如此类事物的真正本质。自然界的每样东西都有本质。每把椅子都是

66

椅子成为椅子的本质的反映,也就是反映了"椅子的理式",其他事物也是如此。艺术也是一样,至少在柏拉图看来,每件艺术品都反映了"艺术理式"的本质。如果试图从所有艺术品中找到共有的特性来定义艺术,这种做法在某种意义上就是在表述艺术的本质。然而,并非所有给艺术下定义的哲学家都相信柏拉图式的理式。亚里士多德也认为艺术有本质,但他同时认为艺术的本质就存在于客观的、具体的艺术对象之中。事物的本质并不像柏拉图或叔本华的形而上学的解释那样。"本质主义"就是任何主张所有艺术品都具有可表述的共性的理论。因此,主张艺术没有本质的观点则被称作"反本质主义"。

维特根斯坦就属于反本质主义这个阵营。不过,他认为可以从类型、相似度、一般的共同特征等方面来区分被明白无误地标记为艺术的东西。问题在于,当用任何一种类型或共同特征来尝试定义艺术时,都可以举出这个类型或共同特征的反例。要找到所有艺术品的共性是不可能的。

但是,我们不要急于简单地否定艺术品具有共性,可以先来了解一下维特根斯坦的家族相似理论。家族相似可以有几种解释,最明显的例子是先想一想你自己的家庭。也许你有兄弟姐妹,他们都和你及你的父母有一些共同特征,但他们彼此间当然不是每个细节都是相像的。你和你的兄弟姐妹也总有几分不同;而且,你的弟弟和你的父母有共同的特征,同时你也与你的父母有共同的特征,但你和你的弟弟却可能没有共同特征。这种情况并不意味着你和你的弟弟及其他兄弟姐妹就没有关系,相反,这说明你和你的兄弟姐妹的关系是一种家族相似的关系,说明你和你的兄弟姐妹关系纽带是建立在一些成员具有共同特征,但不是所有成员都具有共同特征的基础之上的。

再看另一个维特根斯坦探讨过的"游戏"定义的例子。维特根斯坦指出,无论我们如何绞尽脑汁,都不可能下一个游戏的定义却找不到反例。许多游戏具有竞争性,但并非所有的游戏都如此;许多游戏需要相互合作,但也有例外;有些游戏讲究运气,有些则基于技巧。尽管如此,确定无疑地辨认称之为"游戏"的对象却并不是件难事,这就好比说,"看见了就自然明白了"。虽然艺术作品同样被正确地标志为"艺术",但也许就像游戏一样,并无一个共同特征,而是共有一组特征,每个艺术品都和其他艺术品有一些共同特征,但却不具备另外一些艺术品皆有的共同特征。

如果这样来考虑艺术,那么一些艺术对象可能用一种定义来界定,另一些对象则可能用另一些定义来界定。也许界定事物是否是艺术的定义是一个大的集合,这样就是从选言判断来界定艺术。因此,一个对象要成为艺术对象则它(1)是 A 或 B 或 C 或 D 等,直到穷尽所有定义的备选可能。

假设艺术品的数量是有限的(艺术品的确也会是有限的),那么定义艺术的各种备选可能性就可以被穷尽。不过,由于备选项的数量可以非常庞大且一直不断增长,要在定义中确认所有的 A、B、C 等备选项就变得愈发不可能。

因为这种定义包含"选言",所以它一般被称作"选言判断定义",指的是被连词"或者"分开的定义。一个对象满足任意一个选言条件即可被称之为"艺术"。如果对象一个选言条件都不能满足,那就不是艺术;如果对象满足一个或多个选言条件,则是艺术。

当然选言判断定义的目的是要明确每一个不同的选言条件的内容,做不到这一点,这种定义方式就有缺陷。维特根斯坦想要提出一种定义事物的形式,这种形式基于这一类事物相互间的关系并且可以用词语和概念联系起来。如果我们真的要用选言判断的方式来定义艺术的话,那么就必须确定选言条件的内容,不过我们并不了解选言条件的全部内容。我们可能猜想这些选言内容包括表达、模仿、表现、象征主义、符号学(符号表现)等,但是我们不得不认真思考所有这些排列的内容。假设我们真的确定了选言条件的所有内容,万一有艺术家准备挑战这些内容呢? 难道我们要继续增加选言内容来应对这种挑战吗?

4.6.2 莫里斯·韦兹

莫里斯·韦兹提出了一种选言判断的艺术定义。他之所以这么做,主要不是因为无论什么定义都会招致大量的反例,而是因为艺术本身是一个不断地变化与发展的概念。如果企图对艺术定义划定范围,那就是作茧自缚,因为划定范围只不过是构建了一些自欺欺人的、违背艺术本质的定义而已。简单地说,今天划定的艺术范围,到明天就可能被艺术家一一推翻了。艺术在不断地变化和发展,因此对艺术的定义也需要不断地变化和发展。

越来越多的选言及其变化发展使美学家探索、解释每个选言内容的兴趣大减。虽然通过历史的研究和类型的分析也许能够构建一个可以解释迄今为止的艺术的选言判断定义,但就在下这个定义的同时,艺术也还在发展与变化中。如果亚瑟·丹托"艺术终结"的观点错了,并且艺术也在一直不断地发展,那么要定义艺术就很可能不得不增加更多的选言。不过,如果丹托是对的,那么确定选言就存在某种可能性。需要明白的是,只有明确了每个选言的性质,才能明确艺术的性质。单单提供形式是不会激起我们对"艺术是什么?"这一传统问题的兴趣的。

韦兹认为,艺术是一个开放、演化的概念,因此不可能找到艺术的本质,他的这一观点颇受质疑。莫里斯·曼德尔鲍姆(Maurice Mandelbaum)指出,如果将维特根斯坦的家族相似观念与家庭类比放在一起来分析就会发现,譬如,萨莉虽然和她的弟弟没有共同特征,但他们有共同的父母,因此他们的 DNA 类型是相似的。曼德尔鲍姆的意思是,从家族相似的理论来看,虽然有些艺术品事例就像萨莉和她的弟弟一样,相互间没有相似性,但它们却有共同的血统。更进一步说,如果能够找到艺术的源头,就能发现艺术的共同血统,就会发现所有的艺术品因为有共同的源头而具有的一些共同特点和性质。现在看来,这种论点本身也有明显的缺陷。首先,这种解决问题的方案只存在逻辑的可能性,可能并无实际的可能性。从时间上不太可能找到艺术的共同祖先。此外,有一种观点认为,艺术的变化是革命性的变化,持这种观点的人可能会把艺术的这种变化与"家庭或基因突变"进行类比,也就是说,子辈与父辈根本没有相似性也是可能的,他们之间也可能没有什么联系。如此,曼德尔鲍姆的艺术与艺术间的这种必然的血统链条也就断裂了。很明显,艺术还在变化——或者艺术已经发生了很大的变化——并且艺术的范畴必须随着艺术一起变化。正是因为艺术变化的客观事实才促成了像韦兹一样的反本质主义者的思想。

4.7 艺术界

反本质主义的传统促使了一种称作艺术界的、无所不包的艺术理论的产生。研究艺术界的理论家,譬如亚瑟·丹托和乔治·迪基都认为反本质主义的观点是错误的,艺术不是不可以定义的。他们认为,所有的艺术品自身(也就是艺术对象)虽然不存在共有的性质,但它们在艺术界的地位却是相同的。研究者对艺术界的兴趣部分地是因为人们对艺术的认识的转变。

(1)起初,艺术只是对自然的模仿,这是一种客观定义。说它客观是因为决定某物是否为艺术取决于对象。如果对象是对自然的模仿,那么它就是艺术。

(2)然后,出现了向主观性转变的浪漫主义和表现主义。某物成为艺术至少是因为艺术家有把此物视作艺术的主观意愿并且(或者)艺术家创作的作品打动了观众。

(3)到了形式主义,对象本身的特点决定着对象的艺术性质,这时又回到了客观性的定义。虽然观众在体验对象的客观属性时明显地既受客观因素的影响,又受主观因素的影响——就如体验贝尔的有意味的形式一样——但是形式主义的重心主要还是在对象及对象所具有的属性上。

(4)现在,如果跳过反本质主义直接切入艺术界,对艺术的定义这次又重新回到了主观性。不过这种转变的焦点并不在于个体,而在于主体的集合,也就是所有观众、听众等的集合。

艺术定义经历了从对象决定、艺术家决定到受众决定的不断转换,这是一个有趣的现象。这种转换说明,一种艺术理论的构建,需要建立在一些持久、稳定,但切实可行的基础性的东西之上。本章的这最后一节要讨论的就是最后一次转换,也就是艺术定义向集合的主体的转换,以此来回答"艺术是什么?"这一问题。

4.7.1 亚瑟·丹托和艺术界

亚瑟·丹托首先主张,艺术品主要表现为审美阐释的载体。这不是说对每件艺术品都必须要进行阐释,或者必须给每件艺术品赋予一种意义,而是说事物要成为艺术品就必须被看作艺术品,它必须被当作一件艺术品来阐释。当丹托思考他周围的艺术世界时,他看到了马塞尔·杜尚、罗伯特·劳森伯格以及安迪·沃霍尔等艺术家的作品。他的疑问是,究竟是什么原因使沃霍尔制作的布瑞罗钢丝刷子包装盒——他制作的这个包装盒就是完全模仿超市中随处可见的布瑞罗钢丝刷子包装盒——成为艺术的,为什么超市卖的一模一样的盒子却不是艺术? 又是什么使杜尚命名为《断臂之前》的一把展出的雪铲成为艺术,为什么五金店里那些和杜尚展出的在外形上一模一样的雪铲却不是艺术?

丹托认为,艺术理论才能解释沃霍尔的盒子和超市的盒子的差别。如果没有艺术理论,没有界定艺术的理论,那么沃霍尔的盒子和超市的盒子就没有差别。沃霍尔的盒子被阐释为艺术,超市的盒子却不会,正是因为这种艺术的阐释才使得沃霍尔的盒子成为艺术。对布瑞罗钢丝刷子包装盒来说是这个道理,对肖像画来说也是如此。无论是像布瑞罗盒子这样的日常用品,还是一幅肖像画,阐释都使其发生了改变,或如丹托所说,发生了改观,变成了艺术。没有阐释,就没有艺术。丹托所说的"阐释艺术作品"指的是理解事物如何被视作艺术作品的过程,或者更准确地说,艺术作品如何符合艺术传统。

对丹托来说,艺术界并不只是人物、场所和事件的集合,它也不只是当今现成的某种惯例。艺术是一种传统,艺术之为艺术,必须符合那种传统。艺术的传统(纷繁复杂的历史和惯例)包括人物、场所、对象以及事件,但艺术不止这些。艺术是这些因素的联系,这种联系已被数年的艺术创作、艺术欣赏、艺术评论以及某些规则和艺术概念的发展所证实。

丹托的理论并不能简单地理解为像贝尔那样的接受理论。在丹托那里,艺术的阐释者不是单个的主体,而是一群主体。艺术界在某种程度上是正在进行的且不断变化的惯例,是包括艺术家、评论家、赞助商、受众、艺术史学家、美术馆负责人、制作人(导演)、艺术协会成员、美学家,可能还包括社会学家和人类学家的主体的集合。但是,艺术界自身也是阐释的传统,是一种历史发展的进程,是不仅由人和对象,还由时间和历史构成的惯例。丹托所描述的是一个庞大的群体,这个群体经过了时间的考验,人员构成形形色色,从偶尔才会去美术馆或博物馆的参观者到伦勃朗(Rembrandt),不一而足。正因为有了艺术界对事物的艺术阐释的认同,事物才能成为艺术。

当然,丹托的阐释理论以及他用艺术界来分析艺术的性质遇到一个明显的困境,那就是难以确定艺术的范围。由于艺术界指的并不是有形的实体,因此就难以客观地确定是什么样的机制能使一个对象符合艺术界的标准。事物在什么时候、为什么会成为艺术?这种问题就很难回答,特别是在论及近期的一些作品时更是如此。《蒙娜丽莎》在艺术界占有一席之地这没有什么争议,但是对一些曾经在纽约苏荷区①创作的如今陈列在现代艺术博物馆的作品来说,它们在艺术界的地位就有较大的争议。我们要如何来定义丹托所说的艺术界的机制呢,如何来理解艺术界具有的那种将对象转变为艺术的能力呢?

另外一个(前面提到过的)明显的困境源自这样一个事实,那就是我们一直在讨论的阐释并不只是对艺术身份的确定。当然艺术身份的确定也是阐释这一过程的一部分,艺术身份的确定甚至可能是进行任何阐释的前提。不过,当我们在使用阐释这一个词的时候,我们一般指的是用某种方式来明确对象的意义。以《断臂之前》为例,对那些认为这个对象是艺术的人来说,这个对象展示背后所体现的阐释或意义才是决定它是否是艺术的最重要的或是唯一的因素。《断臂之前》或者布瑞罗钢丝刷子包装盒所表达的意义才至关重要。

看起来如果阐释要在确定对象的艺术性质上起作用,就需要完全清楚地了解正确的阐释。丹托认为,最佳的阐释就是最接近艺术家意图的阐释。然而,丹托的这种说法又使他回到了意图论分析的困境,意图论理论就是指艺术家在创作作品时头脑里的想法。我们怎么知道哪种阐释是正确的呢,在阐释就能确定了一个对象的艺术身份这一问题上,我们是否就没有发言权呢?

无论怎样,丹托的目的是要驳倒反本质主义,他的分析卓有成效,

①　苏荷区是纽约市曼哈顿内的一个区域,在20世纪六七十年代开始因出现大量的艺术家工作室和美术馆而闻名。——译者注

给人启发,令人欣慰。在丹托看来,决定一个对象能否成为艺术取决于其是否被艺术界这个群体和它的传统所接受。因此,一个对象要成为艺术对象则它(1)要被艺术界阐释为艺术。

接下来,还有一个有趣的现象要注意一下。丹托主张阐释对艺术理论的重要性,这与当代另外一些审美阐释理论(譬如解构主义)强调阐释不谋而合。解构主义者也许和艺术界理论家一样,试图通过意义或阐释来理解艺术的角色。两者都认为阐释并不取决于对象本身,而是取决于形成阐释的传统。没有阐释,就没有艺术。此外,由于单个对象可以有多种阐释,因此单个对象就可以表现为多个艺术作品。

诸如雅克·德里达(Jacques Derrida)、保罗·德曼(Paul DeMan)和斯坦利·费什(Stanley Fish)这些解构主义者认为"这个作品是什么意思?"这个问题提得不好。首先,因为对象所表达的意义不是单一的,所以我们无法搞清楚对象的意义是什么。任何给定的文本或对象都只能通过阐释来表达意义,并且一个对象确实可以有多种意义。不同意义的存在,说明的是象征的惯用用法以及阐释者的种种期望。有了不同背景的不同阐释者,就会产生不同的阐释,而且鉴于每个人的阐释也多种多样,要判定两种阐释哪种最好不仅不可能,而且荒谬。我们不要代替艺术家决定其意图,从而来确定作品的意义,也不可能仅仅细细地端详艺术作品就可以搞懂它的意义。作品的意义不是客观的,而是主观的。有了主观性,阐释就有了无穷的可能性,且这些无穷的阐释或许只与一个对象有关。

当然,德里达和德曼对艺术的解释远比这些复杂。但是,他们认为阐释具有不确定性和不稳定性,这种观点却甚为明白易懂。很明显,丹托不是解构主义者,因为他宣称最接近艺术家的阐释就是最佳的阐释。然而,解构主义和丹托都同样强调阐释,这却是一个有趣的现象。

4.7.2 乔治·迪基和艺术的惯例定义

虽然迪基在构思上和丹托有所不同,但两者的观点实质上颇为相似。不过两者也有重要的差别。对丹托的批评就不同于对迪基的批评,反之亦然。丹托的艺术界强调艺术的传统和历史,迪基的艺术惯例则较少关注历史。迪基的艺术惯例理论指的既非传统又非历史,而是惯例。最重要的是,艺术惯例是人构成的惯例,是从当今的角度来理解的惯例。

迪基指出,艺术惯例不是社团或组织意义上的惯例,而是已有做法意义上的惯例。它不是有着既定含义的惯例,而是不断变化、不断发展的、内容庞大的惯例。迪基大胆地推测,惯例就是所有的展示者和所有的参观者。然而,要想确定如此庞大且可能是开放的一个群体,无论怎么界定仍显模糊。这是丹托和迪基概念的薄弱之处。但是迪基的艺术惯例比起丹托的艺术界所强调的阐释传统来说,还是要简单得多。

对丹托来说,事物能否成为艺术品取决于艺术界对其的阐释;对迪基来说,只要事物能被艺术界接受就足以成为艺术。因此,一个对象要成为艺术对象则它:(1)是一件(被清楚描述的)人工制品,(2)是被一些人或代表某些社会惯例(艺术惯例)的人欣赏的可能对象。

这就是我们熟知的"艺术惯例理论"。事物能够成为艺术品是因为它们在艺术惯例中的恰当位置。艺术惯例定义的一个好处是,它认为确定事物的艺术身份取决于艺术惯例间的关系,这种关系不只是艺术家和作品两者间的关系,不只是作品和观众两者间的关系,也不只是艺术家、作品和观众三者间的关系,而是艺术家与艺术家、作品与作品、观众与观众以及这三者,包括其他许多在艺术惯例中占有一席之地的事物之间的相互关系。艺术惯例理论是一种内容广泛的艺术定义的分析。

然而,艺术惯例的分析也存在不足。迪基的分析中的一个明显的问题是,如果事物要展示为或被接受为审美欣赏的对象才能成为艺术品的话,那是不是说所有的艺术品都必须要被欣赏呢? 糟糕的艺术品也要被欣赏吗? 迪基是这样来回应的:一个对象成为艺术品并不是因为我们实际上在欣赏或评判它,从而就有了审美价值;对象只要被展示为或被认可为被欣赏的可能对象就可成为艺术品。对象在被认可为审美冥思的对象时就成为艺术。在这种认可之后,就可以对作品进行好坏的评价了。因此,只要糟糕的作品事实上被引入了艺术惯例,那么它们也可以成为艺术品。

第二个明显的问题是艺术的展示问题。既然迪基认为,可能被欣赏的作品就已符合艺术的身份,那么似乎是,我们可以像展示艺术对象一样展示任何东西,所有事物都要展示才能成为艺术。迪基对这个疑问的解释是,在他的分析中,他并不关心对象真正意义上的展示,他只关心或许可以被称之为逻辑的展示。也就是说,艺术品就是那种要展示的作品。至于它是否真的展示并不影响它的艺术身份。艺术品需要的就是那种会带给或者说会正常地带给观众的展示。

第三个明显的问题是罗伯特·斯特克(Robert Stecker)和其他一些人提出来的,这些人指出,迪基对艺术的解释可能犯了循环论的错误。似乎艺术界是由它的成员(艺术家、观众、评论家等)来界定的,但是这些成员又是由他们和特定的艺术对象的关系来界定的;并且,艺术品只能由艺术界对其的认可来界定。这说明,界定"艺术惯例"这个集合的某一类别或子集而不需要艺术惯例的其他部分来说明,似乎是不大可能的。艺术惯例的定义中唯一能自主地界定的部分是,对象必须是人工制品。但是,如果没有构成艺术惯例的第一个条件,人工制品的界定当然就难以将艺术的人工制品和非艺术的人工制品区分开来。迪基认识到对他的循环论的指责,但他认为这不是个问题,除非"艺术惯例"这个概念有非常严重的缺陷。迪基回答道,既然我们打算使用这个概念,那就没有必要考虑这个概念的常规用法之外的其他任何用法。如果我们成功地使用了这个概念,那么它就在语言中站稳了脚跟,也就没有必要为了使其成为分析中的一个条件而用本质主义的方法去定义它了。

最后,两种对艺术界的解释都存在一个明显的问题。这个问题是特德·柯恩(Ted Cohen)提出来的,他认为,艺术界惯例的概念内涵广大且界定松散,这就不大可能搞清楚究竟是不是艺术惯例的原因才使事物获得了艺术的身份,这个疑问是有道理的。像《断臂之前》那样声名远扬的作品在艺术界的地位早已稳固,这自不必说。假如萨姆在他的小棚子里找到一个东西,然后说服他在美术馆当馆长的朋友把这个东西挂在他的美术馆里,那会怎么样呢?萨姆这个朋友是真正意义上的艺术界的一员,他是美术馆的馆长,亲自参与了这个东西的展示;参观美术馆的人也关注、评价了这个东西,或许对这个东西进行了阐释;

或许它还会被某个赞助商买回去挂在家里。那么这个东西是否经历了必要的步骤，接触了足够多的艺术界惯例的成员，才最终成为艺术呢？如果有人觉得"是"，那万一它只经历了个别步骤呢？如果有人觉得"不是"，那么一个重要的评论家评论了萨姆的这个东西又作何解释呢？或者说，这个东西如何能够被挂在美术馆展出？这样的话当然它应该是艺术啊。问题在于，在事物进入艺术界的惯例的过程中，很难查明事物经历了哪些步骤，最终才确定了其艺术身份。

第 5 章　创造和再创造

　　本章将会讨论与艺术作品创造以及艺术作品复制和再现有关的论题。我们先从"创造力"这个最基本的问题说起。

5.1　创造力

　　从心理学的角度来探讨创造力性质的理论可谓不少,我们对创造力的讨论则将主要遵循哲学的基础,不过两者对创造力的探讨存在交集也在所难免。在某些情况下,哲学通过思考创造力产生机制的种种可能性以及创造力产生机制的模型建构,为进一步的实证研究指明方向。

　　"创造力"这个词常用来形容艺术家或艺术作品的某种品质。人们可能会说萨尔瓦多·达利(Salvador Dalí)就是一个具有创造力的艺术家,他运用不同的形象且将现实与荒诞结合在一起,创造了超现实主义。人们也可能注意到达利的《引起幻觉的斗牛士》(*Hallucinogenic Toreador*)是一幅具有创造力的作品,这幅作品创造性地把《米洛斯的维纳斯》(*Venus di Milo*)的形象和一张脸的形象(注意一下维纳斯腹部上的嘴和下颚的影子)融合了起来。创造力的意思是艺术家有能力创作原创的或新颖的作品,而这些创造性的艺术作品本身展现了原创性和新颖性,通常表现为灵巧和创新。当用创造来形容艺术作品或艺术家时,指的是艺术作品具有价值或艺术家具有某种优秀的品质。人们认为达利具有创造力可能是指(1)他独树一帜,或许创立了一个拓宽艺术作品新领域的新的流派,这可能有助于获得有价值的审美经验,或(2)他消化了已有的,或许是老套的东西并以新的、有价值的审美方式对其进行再创造。达利被认为在这两方面都有积极的作为,并在总体上对审美价值的研究作出了贡献。

"创造力"这个词也被用来形容艺术家创作艺术作品的过程。有意思的是,许多哲学家,尤其是那些把艺术家的意图用来解释艺术和美的哲学家,对创造的过程进行了探讨。最初,古代希腊人认为创造力是受缪斯神旨启发的结果,缪斯将创造力授意给诗人或剧作家。亚里士多德打破了创造力神授的传统,他认为创造的过程是两方面的:首先,艺术家模仿自然;其次,艺术家超越自然,展现了自然的典型的或普遍的性质。

尼采认为,只有艺术家融合了两种力量的能量,也就是阿波罗型和狄俄尼索斯型的能量,才能创造出艺术或上乘的艺术。托尔斯泰虽然没有详细论述创造的过程,但却明确指出,艺术家对自己想要表达的观念和情感的描述必须绝对真诚,这是创造过程的组成因素。克罗齐对创造有更强烈的感受,他认为,艺术家通过直觉的形成过程,就把自己的观念表现在作品之中了。柯林伍德的看法与克罗齐颇为相似。艺术家的表现,本质上就是创作过程本身,也就是艺术作品本身。正是表现主义的传统,把创造过程和艺术本身最紧密地联系了起来。

自然主义者在对美的分析中(第8章将讨论这一问题),间接提到创造过程。对乔治·桑塔亚那(George Santayana)来说,创造一个美的对象就是给对象灌注愉悦的属性,让愉悦成为对象的特性。对杜威来说,创造过程被视为观者努力构建的统一的经验。总的来说,自然主义者对创造过程的解释集中在观者面对艺术的经验这一方面。经验本身可能被视为一种连续状态或创造过程的一面镜子。我们对艺术的观视就是我们自身对创造过程的重构。我们接纳对象,从中感受到艺术作品的灵感、酝酿和最终的具体化过程。如果审美经验真的就是这个样子,那么审美经验主要就是对创造行为的不断再现。

创造过程似乎包括三个因素:灵感、酝酿和具体化。基本上每个阶段都是一项不同的工作。在第一个阶段,艺术家创作艺术作品的想法可能有意无意地就那么出现了。也许艺术家在自然中觉察到了奇

妙的东西,也许换了一个崭新的角度来看待平常的事物,艺术家有了
灵感才能创作出作品。从另一角度来说就是,想要创作的艺术家,会
采取明确和系统的步骤,以此形成艺术具体化的想法。如果萨莉受人
之托要在某个期限内创作一件作品,那她就没时间等某个想法顺其自
然地出现。萨莉也许不得不迫使自己产生灵感。

　　第二个阶段是酝酿。创作的想法必须要得到酝酿。艺术家想要
展现、交流、表达、传递什么?艺术家也许想要给人启发或传递某种信
息,或者想要使人们在观看作品时体验到某种感受。作出这些决定之
后,艺术家必须从具体化的角度来考虑如何展现他的想法。应当使用
什么媒介?哪种乐器?用什么颜色?采用什么音乐调式?多大尺寸?
用什么画笔?长度如何?表现什么样的音乐或诗歌形象?艺术家在
第二阶段要做许多事情,或许这个阶段是创造过程中最费脑筋、最紧
张的部分。

　　第三个阶段是具体化,或者指的是"非亲手创作"的那些艺术(我
们会在下面紧接着讨论这些艺术),准备工具来实现物质的具体化。
有些艺术家在第二个(酝酿的)阶段就塑造好了完美的形象,完成了艺
术作品的创作,剩下来唯一要做的事情就是将其转化为物理媒介。不
过这些例子并不常见。更多的情况是,艺术家在具体化这一阶段继续
酝酿、调整。艺术策划的改变在所难免,通常这些变化会增加作品的
审美价值。艺术家在绘画、作曲、雕刻或写作时,比之前任何时候对作
品的认识都更具体,艺术家也能够通过调整、变化,创作出更好的
作品。

5.2　赝品和伪作

　　赝品和伪作有差别。不同的研究者对两者的界定有所不同,但本
书所言的赝品指的是冒充原作的单个作品的复制品,伪作指的是貌似
另外一个艺术家作品的作品。伪作不一定是赝品:汉·凡·米格伦
(Han Van Meegeren)的作品有很长一段时间被认为就是扬·维米尔
(Jan Vermeer)本人所画。凡·米格伦的作品并不是复制维米尔本人
的画,他的画只是和维米尔的画风非常相近而已。

说到赝品,我们通常指的是单个作品的复制品。如果一件艺术品只有一种具体化形式,这种艺术作品就叫作"亲手创作"的作品。亲手创作的作品就是只能有一件的作品:只有一件作品能叫作《蒙娜丽莎》,也只有一件作品能称作《圣母怜子像》。这与小说作品、音乐作品、戏剧作品以及印刷作品不同。例如,可以有很多本《哈克贝利·费恩历险记》(*The Adventures of Huckleberry Finn*),也可以有很多次贝多芬《第九交响乐》(*Ninth Symphony*)的演出。说到赝品时,我们仅仅是针对亲手创作的作品而言。

一般认为制作赝品和伪作这种行为是不对的,具有欺骗性质,赝品和伪作的价值也不高。如果博物馆的馆长发现馆内的某个对象是伪作,他可能就会把它撤下并销毁。当博物馆或我们自己要收藏一些藏品时,我们肯定想要收藏真正的藏品,收藏我们认为是艺术家创作的真正的作品。真正的艺术对象(譬如说一幅绘画)只有一个,且是艺术家亲手创作的;其他对象,不管看上去有多么乱真,都不能代替真正的艺术作品。

为什么呢? 假设伪作和真正的作品就像一个模子倒出来的,有人因为作品的审美价值以及对作品审美的欣赏就买下了伪作(此人误以为是原作)。如果伪作非常逼真且此人欣赏伪作时也获得了审美经验,那么为什么他还要纠结是原作还是伪作呢? 只要能够带来同样的审美经验,原作或伪作真的有什么差别吗? 差别当然是有的,不过差别似乎不是原作和伪作外观看上去的差别。如果伪作还行,外观的差别就微不足道了。差别和对象本身的历史有关。

那么,为什么《蒙娜丽莎》价值连城——如果可以拿来卖的话——而复制品或伪作,甚至一件不错的伪作,却值不了几个钱呢? 如果原作和一件不错的复制品在外观特点上没有什么不同,那么为什么原作就可以放在卢浮宫,复制品就不适合挂在这个最现代的博物馆中呢?

解答这个问题的途径就是把物理对象和感觉对象或感知对象区分开来。虽然《蒙娜丽莎》只能以一种物理对象的形式存在,但却可能存在许多和它有一样观感的对象。人们在观看《蒙娜丽莎》的原作和观看一幅上佳的《蒙娜丽莎》复制品时可能会感受到相同的审美经验——譬如,看到相似的特点,或者知道这幅作品是意大利文艺复兴时期的列奥纳多·达·芬奇（Leonardo da Vinci）所画——但是，这种经验与《蒙娜丽莎》作为物理对象的存在无关，而是与作为感知对象的存在，也就是与人们（只通过）看而形成的对象有关。复制品与原作具有相似的感知特性，也具有和原作一样的历史背景，因为看复制品时人们也会想到文艺复兴和列奥纳多。因此，在卢浮宫看《蒙娜丽莎》的经验与在书店看《蒙娜丽莎》复制品的经验可能是一样的。这就是把《蒙娜丽莎》当作感官对象来看的意思。

如果把《蒙娜丽莎》视作一个物理对象，那就是说，《蒙娜丽莎》是唯一的，只有这么一个对象真正是列奥纳多画的，真正是在文艺复兴时期画的，真正悬挂在卢浮宫的墙上。经济价值取决于物理对象，审美价值取决于感知对象。因此，虽然《蒙娜丽莎》可能价值连城，但对任何特别上佳的复制品来说，它们与原作的审美价值是相同的。作为物理对象的艺术品和作为审美对象的艺术品的差别说明了为什么原作比复制品更值钱，为什么原作受人尊敬且受到保护，为什么复制品不会受到如此的保护。这不是因为原作必定就具有更高的审美价值，而是因为原作具有的独有的历史因素使其在艺术界占据了特别的地位。

对原作和复制品（或伪作）的评价可以从原作和复制品（或伪作）的关系加以考虑，从这一点可以看到两者的另一个重要差别。对一件艺术品的审美评价要考虑到对象基本的感知特征、形式关系等，也可能考虑到对象的历史关系、与本领域其他方面的关系、对象的阐释，或许还包括艺术家的意图。不过，评价复制品或伪作，首要的判断标准是"它与原作有多像"。在谈及上佳的复制品时，一直都是采用的这个标准，这是因为复制品首先是与原作有关系的对象。显而易见，没有原作也就没有复制品。对复制品的评价从一开始就是以原作为标准的。原作也许和复制品也有关系，但也仅仅恰巧有了复制品才与之有关系。复制品终归取决于原作，但原作或原作的地位，不会因为被复制而受到任何影响。无论是一件复制品都没有，还是有成千上万的复制品，《蒙娜丽莎》都还是那个《蒙娜丽莎》。

最后一种说明原作和复制品或伪作的差异的途径可以从艺术家这方面来考虑。原作体现了艺术家的独创性，是新事物，或许具有相当大的价值。复制品的作者则不具备这些特点，他只是重复了相同的东西而已。如果艺术家的意图或表现对决定对象是否成为艺术作品至关重要的话，那它就可能说明原作为什么和伪作的地位不同。复制品没有经历和原作一样的创造、构思和塑造的过程。艺术家创造美妙的艺术，复制者制作的东西其价值则依附于原作的价值。艺术家需要具备多种优异的品质——技巧、洞察力、对运用的材料和想要创作的内容的了解——但复制者或伪造者需要具备的仅仅是惟妙惟肖地模仿原作的技巧。

如果真如表现主义理论家所主张的那样，对象的原创性会对对象的地位产生影响，那么就有有力的依据认为，不管复制品有多像原作——或者复制品甚至比原作有所提高——原作都要优于复制品。虽然一首交响乐经过特别高超的指挥家的改编，或引入了新的乐器或重新编曲都可能得以改进，但这个作品的创造性还得归功于原创艺术家。原创的交响乐本身才是艺术家所表现的，他理应获此殊荣。

另外，如果一个对象发生了显著的变化，那么这个对象就不再是复制品且就具备了作为一件艺术作品的资格——一件原创艺术作品的身份——它和对其有所启发的原作之间的关系就不是"原作到复制"的关系，而是"启发到新的艺术作品"的关系。斯坦利·库布里克（Stanley Kubrick）导演的电影《2001 太空漫游》（*2001: A Space Odyssey*）和亚瑟·C. 克拉克（Arthur C. Clarke）的同名小说并非同样的艺术作品。库布里克对小说作了改编，创作了一个新的艺术作品。但是，这种启发关系不一定非得从一种艺术形式变换到另一种艺术形式。莫扎特把其他作曲家的作品改编成变奏曲，但这些改编的作品还是要归功于莫扎特，这倒不是因为莫扎特更有名，而是因为他对别人的作品作了大幅度的修改，使其成了全新的艺术作品。

复制的或受启发的艺术家往原创的艺术家的作品中倾注了不同的艺术创造力，从中可以看出简单的修饰或不精准的复制与启发而成的作品之间的区别。受到启发的艺术家的作品中有新的东西，因为他有所创新。只知道复制的人则没有创新，不能得到如受到启发的艺术家一样的审美褒奖。

最后，有必要说一下"复制品"和"赝品"之间的道德差别。在现实中，复制品和赝品当然是有差别的。复制品通常得到原作者、博物

80

馆或原作的所有权人的同意。制作复制品的意图就是要让人们明白它的复制品的身份。赝品则没有得到授权且通常意图掩盖其复制品的身份以冒充正品。赝品并不像复制品一样旨在展现原作的价值,而是试图取代原作。赝品意图拥有和原作一样的所有的价值——审美的和金钱的价值。虽然复制品和未被揭穿的赝品的金钱价值通常差异较大,但上乘的复制品和乱真的赝品的审美差别则不大。复制品和赝品的差别是法律和道德的差别,而不是审美的差别。

5.3 再现

再现与复制(不管是制作赝品、伪作还是其他不可告人的东西)有很大的不同。对艺术作品的复制是对亲手创作的作品的复制,复制品只不过是模仿原作的手段而已。对艺术作品的再现则是对非亲手创作作品的再现,再现以真正意义上的感知的或物质的方式来表现,这是非亲手创作的作品的特点。(遗憾的是,"复制"普遍被当作"再现"的同义词,特别是在语言艺术领域,譬如把本书称作"复制品"就是这种做法。①)

没有艺术作品的感知具体化,就没有艺术作品。如果我们不能感受或经验到艺术作品,那么艺术作品是不成立的。不过,因为非亲手创作的艺术作品并不等同于乐谱或印刷版——乐谱不是音乐作品,印刷版不是印刷作品;它们只是最终形成艺术作品的媒介——所以我们只能说,如果艺术是非亲手创作的作品且不被再现,那么就不能成为艺术作品。再现就是艺术作品。

81 有些艺术类别的范型比另一些艺术类别的范型能更好地进行传达。以音乐作品来说,这种非亲手创作艺术背后的范型就是乐谱,可以根据乐谱来判断范型与再现的亲疏关系。这种方法同样适用于戏剧作品。人们也可根据原稿来判断文学或诗歌的再现关系。乐谱、手稿、印刷版等这些工具本身不是艺术作品,但它们能够帮助我们认真地确定艺术作品的范型,找到艺术作品的完美体现。

---

① 一本书(a copy of the book)就是书的一件复制品的意思。——译者注

范型在很多情况下都适用,但也有例外。譬如,舞蹈中有一种叫拉班舞谱的记录体系,能够像让乐谱一样让舞蹈动作设计者把头脑中想象的动作记录下来。遗憾的是,这种体系或其他各种舞蹈记录系统应用并不广泛。还有,在录像被广泛应用之前,教授编舞的正式方法只能是通过舞蹈者的言传身教,看过原始编舞的人向想要学习的人示范,然后用这种方法通过教师再传授给学生。(即使视频录像广泛使用之后,常规的做法还是人带人的指导模式。)当然,因为遗忘的原因,教师在把学到的舞蹈教给学生时难免会对原始的编舞作出改变。此外,变化也有不少的现实原因——舞台太小,学习的舞蹈者没有原作的舞蹈者高,舞台很滑,等等。因此,伊莎多拉·邓肯(Isadora Duncan)创编的舞蹈,由她的学生再传给她的学生的学生后,可能看上去和邓肯原创的舞蹈就有显著的不同。另外一个问题是,以《天鹅湖》(*Swan Lake*)闻名的一系列舞蹈因为众多艺术家的表演可能会有不同的编舞形式,每个艺术家的表演都很独特,或许表演的都是非常不同的作品。不过,这些表演都被称作《天鹅湖》显然也没有什么问题。艺术界似乎允许类似舞蹈这样的艺术在再现时有更大的变化空间。这或许是出于现实的考虑,因为严格地传达原始意图不可能,也不方便,或者因为本质上舞蹈的特点就是要变化。

主张最后这一种方法——范型的作用是强调非亲手创作艺术再现的稳定性——的人通常认为,再现必须体现某些特点才成其为真正的再现。换言之,每个真正的再现都必须体现非亲手创作艺术的本质特点,这就考虑到了稳定性。你可以试着大胆地说,所有《天鹅湖》表演的一个本质特点就是它们都是根据柴可夫斯基(Tchaikovsky)的音乐改编的,这样的话我们就找到了所有《天鹅湖》表演作品的一个本质特征。(应当注意的是,也有叫作《天鹅湖》但并没有采用柴可夫斯基音乐的舞蹈表演。)当然,可以看到,如果有了乐谱、手稿和印刷版,找到再现的本质特征就更容易。如果,第一,没有什么有助于理解原始意图的工具;第二,艺术界普遍认可对原始意图的改变,那么要找到再现的本质特征就更为困难。舞蹈就属于这种情况。

有好的和糟糕的亲手创作艺术的复制品,也有好的和糟糕的非亲手创作艺术的再现。如果再现体现了原始意图的所有本质特征,并且

82

再现的所有变化没有偏离原始意图的基调或者提升了作品的审美价值，那么这种再现就是好的（再现）艺术；如果再现没有体现本质特征——或者，如果再现所体现的在本质上无助于作品的审美价值——并且再现的变化没有增加审美价值，那么这种再现就是糟糕的（再现）艺术。对亲手创作艺术的复制品来说，它有与原作的相似度来评判再现这么一个优势；然而，对非亲手创作艺术来说，要确定原作却并不那么容易。

第 3 部分　意　义

第6章　阐释艺术

20 世纪的美国艺术家马克·罗斯科（Mark Rothko）以其大面积的单色块的作品而闻名，他最常见的作品通常只有两到三种颜色。另外一个 20 世纪的美国艺术家杰克逊·波洛克则以他的"滴"画而闻名，他把画布摊在地板上，然后将颜料滴洒在画布上作画。19 世纪到 20 世纪的荷兰艺术家皮耶·蒙德里安（Piet Mondrian）以其地图似的绘画作品而闻名，这种画由一块块被粗壮的黑色直线分割的鲜明的色块（通常是原色）组成。这些对象是什么意思？表达了什么？

本章将探讨审美对象的即刻感官经验之外的那些方面。本章也将开始探讨有素养的观者的作用。有素养的观者也许是专业的艺术评论家、艺术历史学家，或者就是那些想要用超越日常感受方法去经验审美对象的人。有素养的观者不需要有什么特别的能力，只要有从除了看或听之外的另外角度来理解审美对象的愿望就可以了。作为一个美学的读者，你就是一个有素养的观者。

现在有一个问题，是否有素养的观者要比"简单、未污染"的观者更好？简单且没有污染的观者除了通过即刻的感官经验获得对象的知识外，没有对象的其他知识。似乎很明显的是，花时间去审视一个审美对象，尽力从更多的方面去理解对象，要比只是从看或听的角度去欣赏对象更好。然而，有人认为，对艺术作品的归类、分析或细察可能会降低原本可能在简单的感官欣赏中体验到的审美经验的愉悦性或丰富性；有人则认为，应当让艺术保持独立性。

假如萨莉得知一部很棒的电影将要上映，她就开始关注这部电影的上映时间,准备到时候一睹为快。她阅读了相关的电影评论和电影简报。电影被大肆炒作,更加吊足了她的胃口,她对这部电影也充满了期待。然而当电影最终上映后,她看了却并不满意。这部电影虽然不错,但并不像大肆宣传的那样。萨莉感到自己受了欺骗。如果她没有受到炒作的干扰,她就很可能好好地欣赏一部好电影。然而,她却难掩失望之情。我相信有不少看电影的学生在不断地听人们说《公民凯恩》(*Citizen Kane*)是迄今为止拍摄得最棒的电影后都有这种感受,他们看的这部电影通常需要多看几次且需要特别留意才能得以充分欣赏。

那种认为人们应当"未污染"地接触艺术对象的观点和严格的形式主义者或新批评派的观点没有多大的不同。这种观点认为,人们只有通过看(或听等)方式欣赏对象才能决定对象的艺术身份和对象的审美特性。有素养的观者通常是不是就比所谓的未污染的观者会获得更好的审美经验呢?虽然我们的讨论不会对这个问题下一个定论——这样做无异于告诉人们他们应当如何去经验,这在哲学上是似是而非的——但我们会探讨有素养的观者是怎样的观者,以及探讨素养会如何影响到人们的审美经验。我们会探讨怎样在艺术作品或艺术对象中发现那些通过简单的感觉经验不能发现的因素,探讨怎样发现联系和关系,探讨怎样发现对象之中的相似和不同之处。

艺术,尤其是 20 世纪的艺术已经向更具有认知倾向、更概念化的方向发生了转变。如今,艺术更少注重它看起来的样子,更多地注重它的意义。当萨姆看到安迪·沃霍尔画的《坎贝尔浓汤罐头》(*Campbell's Soup Can*)或他的《布瑞罗钢丝刷子包装盒》(*Brillo Pad Boxes*)时,他肯定会问自己,为什么如此平常的东西会被抬到艺术作品这样高的地位。(因艺术的身份而把艺术对象看得很有价值这种观点很常见。)当然,最初设计汤罐头和盒子标签的人并不是有名的且有创意的艺术家,他们不过是想把产品销售出去而已。因此,为什么沃霍尔多半因为他以"大众艺术家"的身份而创作的作品就可以跻身为20 世纪重要的艺术家行列呢?似乎这个问题的答案与汤罐头和盒子展出的意义的关系比与这些对象外观的关系更大。

艺术作品的意义很重要,在艺术史上的任何时候,都没有像 20 世纪和 21 世纪那样重视艺术作品的意义。但问题是,沃霍尔的汤罐头和布瑞罗盒子表达的是什么意思?他是在就现代厨房的重要地位发表社会评论吗?他是在评价坎贝尔浓汤的美味和布瑞罗刷子的清洁功效吗?可能不是。这些对象的意义更可能与这些对象的平常性质有关,与日常对象和艺术对象的界限变得更加模糊的过程有关——与日常世界和艺术世界融合到一起的过程有关。

但是,另外的阐释——就是沃霍尔所画的表达的是现代厨房和产品效用的那种阐释——又如何理解呢?为什么说这些阐释就不正确?还有,一件艺术作品只能表达一种意义吗?

在本节中,"意义"和"阐释"这两个词的使用可以互换,意思相同,否则就可能回避针对一种特别情况的问题。譬如,如果我们认为艺术作品有意义,我们就可能倾向于认为每个艺术作品只有唯一的意义,并且不同的有素养的观者作出的与那唯一的意义不符的所有阐释都是不正确的。这就回避了像解构主义者提出的那种问题,他们认为,对作品的多种阐释同样都是成立的。

不同的思想家对意义和阐释的看法相去甚远。其中一个派别认为,分析一件艺术品或其他审美对象的意义会损害对作品的经验。他们认为,除了那种只通过看来获得对对象的即刻经验的方式之外,其他方式都有可能危害到人们关注对象而经验到的愉悦感。艺术必须保持独立性,把艺术不当艺术是帮倒忙。这里需要明确指出这一派别的极端性:这个派别的人认为,不应当去阐释对象,也不应当探寻和给出对象的意义。

另一个派别的观点不那么极端,这一派别倒是允许对象可以有意义。不过,它又认为,每个艺术对象只有一种意义。这仅有的一种意义是艺术家(作曲家、作者或其他艺术家)在创作艺术对象时在大脑中形成的。这不难理解。如果艺术作品本质上是艺术家的观点或情感的表现,那么理所当然,作品的意义就是艺术家的观点和表现的体现。(注意,如此推论的话,就只有人工创作的艺术作品才有意义;一个对象要有创作它的艺术家和这个艺术家的意图才有意义。)

假如萨莉看到一幅画,画面是白色的背景下一个灰色的圆圈,圆圈中有一个很大的黑色三角形。萨莉可能解释说,这幅画是用象征的手法表现我们认为最稳固的社会机构的呆板或死气沉沉。灰色的圆圈代表这些机构的腐败泛滥。她可能会说她批评的机构包括政府、大学以及教育系统。这些对萨莉来说都有道理,她把这些当作这幅作品的意义。不过,假设画这幅画的艺术家走过来说,萨莉完全误解了他的意思。这位艺术家说,黑色的三角形代表新生事物的稳定性和不确定性,包围黑色三角形的色调柔和的圆圈和白色背景是要表明,随着新事物的不断成长,稳定性不再,但获得了知识或受到了启迪。多半我们会把艺术家自己对作品的阐释当作作品要表达的真正意义。这就是"艺术家的意义"这一阵营要强调的。如果艺术作品是艺术家的表现,那么有谁比艺术家本人能更好地评价作品的意义呢?

88

问题是尽管萨莉对作品的解释与艺术家的解释不同,但她的解释仍然有道理。人们会说,虽然艺术家看到了什么东西——或者更准确地说是,艺术家意图表现什么东西——但萨莉认为她的解释仍然是有价值的。她的解释之所以有价值可能是因为:

(A)它表明了假如由萨莉来画这幅画她的想法,

(B)它给萨莉观看这幅作品带来了更丰富、更深刻的审美经验,

(C)通过表述一种更强烈的意义,使与萨莉有类似观点的人感受到更有收获,这使得这幅作品更具审美价值。或者

(D)它显示了艺术家有可能确实要表现的一面,但艺术家并没有意识到这是她自己想要表现的东西。

虽然选项(D)最不容易理解,但这种可能性是存在的。许多表现主义理论者认为艺术家的作品只可能是艺术家的观点或情感的表达。观点和情感可以用文字来表述,但必须先要理解这些观点和情感。也许有人会猜测,艺术家的表现不是用文字能够描述的,甚至或许艺术家自己都不清楚要表现什么。如果作品只是艺术家观点或情感的单一表现,那么有可能在作品中有些东西——有意义的东西——艺术家自己就不能讲清楚。弗洛伊德(Freud)认为——或许在他之前就有人这样认为——人的大脑远不只是当下内省意识就能说明的那么简单,这种观点已经相当盛行。艺术家也许在有意识地在作品中表现一种东西的同时,潜意识地表现了另一种东西。如果情况果真如此,那么也许对作品的单一意义作解释的最佳人选——对艺术家表现的真正

解释——就不是艺术评论家,而是艺术家的心理咨询师!

即使艺术家有心理咨询师,借助心理咨询师的解释来理解作品的意义这种事情还从没有过(这会违反患者的保密协定)。不过,这种用弗洛伊德式的咨询师来探寻艺术家真正意图的方法,以及基于其他各种原因认为艺术家的意图可能不为人知的观点——艺术家在外度假、艺术家去世了、艺术家精神失常了——这些都说明,不要只从艺术家本人的角度来决定艺术作品的意义。加上观者的阐释似乎也是成立的事实(即使与艺术家的阐释不同),这就会使人们怀疑这个派别的说法,那就是,只有艺术家的意图才能决定其创作的作品的意义。

(89) 6.1　意图谬误

威廉·维姆萨特和比尔兹利(William Wimsatt, Beardsley, 1946)的研究支持一种深厚的传统,这种传统认为,正确阐释作品完全不必考虑艺术家在创作作品时的想法。我们解释作品的意义不应当依据艺术家的意图;相反,我们应当考虑作品的客观特性。我们通过分析作品的特性、作品的形式关系,就会清楚地了解作品的意义。因此,福克纳(Faulkner)的《喧哗与骚动》(*The Sound and the Fury*)的意义就在这部小说的字里行间。文字和语言的规则产生意义。艺术家的意图对决定作品的意义来说并不必要。这就是意图谬误的观点。

艺术家的意图对阐释其作品有多大的效用? 这一问题就相当于问:"艺术家的意图在决定某物成为艺术品上起多大的作用?"多数反对用艺术家意图来定义艺术的观点可以归结为反对用艺术家的意图来理解作品意义的观点。对艺术家意图这种观点特别不利的是,一般来说很难了解到艺术家的意图,因为艺术家搬走了或去世了,因为艺术家表现的东西并不完全是他有意识的想法,或者因为还有其他方面的原因。

但是,像肯德尔·沃尔顿(Kendall Walton)这样的理论家认为,比尔兹利、维姆萨特及他们代表的形式主义者过于极端。沃尔顿等兴许会同意艺术家的意图不是很好地阐释作品的唯一渠道,但至少是一种渠道。确实,大多数人在听取其他人的意见之前,都更愿意好好听听艺术家本人对其作品意义的介绍。

反形式主义者认为,有许多其他因素可能合理地对作品进行阐释。首先,作品起因的某些因素对作品的阐释更有依据。假设萨姆看到某幅画,这幅画画的是一幢漂亮的西班牙哥特式建筑,街道两边种满了鲜花,女人们提着盛有面包的篮子走在街上。萨姆可能会喜欢这幅画,并将其阐释为某时某地的庆祝场面,或阐释为对生活的礼赞,或阐释为艺术家快乐心情的表现。不过,假设萨姆发现艺术家是在被当作犯人关押时画的这幅画,那么,了解到这种情况可能就会改变他对作品的阐释,或者至少会加深他对作品的阐释。或许萨姆仍会认为这幅画表现的是某时某地的庆祝场面,但他会从艺术家与这种场景无缘的角度来认识这种庆祝场面的意义,这可能是艺术家特别喜欢的那种场面。

不仅许多像起因和历史关系这样的因素很重要,而且作品与其他同类别事物的关系也很重要。假如萨莉听到一段曲调风格颇似巴赫和维瓦尔第(Vivaldi)的音乐时,她可能认为她听的就是巴洛克音乐。她也许或多或少地会用巴洛克音乐的标准来评价这段音乐。她可能从某种程度上从这段音乐产生的时间来确定它的意义。譬如,她可能会说某种活泼是巴洛克作品的特点,这种特点显示了巴洛克作曲家的思维定式。不过,假设萨利发现这段音乐仅仅是在几年前创作的,她对这个作品的阐释就会改变。她想知道为什么如今还会创作这样的音乐,因为多数 20 世纪晚期的作品听起来确实不大像古典巴洛克音乐。因此,似乎艺术作品与其他同类别事物的关系,或与其他同时代事物的关系,都可丰富对作品意义的解释。

90

一些不赞同比尔兹利和维姆萨特的观点的人认为,艺术家的意图不必是直接由艺术家本人表述的意图。有人认为,即使艺术家已经不在世了,我们还是常常能够确定艺术家的意图。如果萨姆看到毕加索的《格尔尼卡》(Guernica),他不需要过多考虑就知道这幅作品描绘的是灾难和痛苦。稍加注意一下细节,他可能就会认为这些灾难和痛苦是战争造成的。人们即使不看细节,也有把握认为毕加索的意图是要展现战争的恐怖。人们有推断的能力,并且在相当多的情况下,人们对艺术家意图的推断都是正确的。

这种推断的问题是,似乎只有作品的特性才能确定艺术家的意图。如果只是依仗作品的特性,那么为什么不跳过艺术家意图这中间一步,干脆说对作品的阐释取决于作品的特性算了?作品的阐释取决于作品的特性,作品的特性向观者展现了艺术家的意图,由此观者得以对作品作出阐释,这种说法太复杂了。为什么不简单地说,在对作品特性的直接考察之下,作品的特性就可以阐释作品?

6.2　阐释的多元概念

回到主题上,如果我们认为作品的意义取决于艺术家意图这种说法是合理的,还有一些另外的说法也是合理的,我们就进入了一个更多元的派别——说多元是因为这种派别的观点认为,艺术作品有不止一种阐释或意义同样成立。不过,在详细、准确地说明我们所指的真正的或合理的阐释时,我们必须小心谨慎。在多元观点这个派别中,我们会遇到如何作出正确的或真正的阐释的各种观点。

（1）有人认为,对作品的任何阐释都是合理的。这种观点当然就属于最多元的派别。

（2）有人认为,凡是专业的批判派别提出的任何阐释都是合理的。这是次多元的观点。

（3）有人认为,凡是实际上引起至少一个人(即提出阐释的人)的审美经验的任何阐释都是合理的。

（4）有人认为,通常引起某些观者审美经验的阐释——当然他们要意识到——都是合理的。除此之外,还有一种观点认为,"如果对作品的阐释是要使作品的审美价值最大化",那么这种阐释就是合理的。在所有的多元观点中,这是最保守的一种。

选项（1）可能会有问题,因为这种观点似乎没有任何作用。如果萨莉把《圣母怜子像》阐释成对邮政系统状况的评价,也许这种说法最初还有点意思,但除此之外就没有什么了。这种说法可能富于想象力,但把这种想象的自由用于艺术作品的阐释并不起作用。这有什么意义呢?

选项（2）是一个严肃的选项。对解构主义者来说,作品的阐释不可小视。解构主义者认为,艺术作品就是艺术作品的阐释。评论家和艺术家(或者说有素养的观者和艺术家)是一种共生的关系。艺术作品本身就是两者努力的产物:艺术家将关注点具体化,有素养的观者则力图理解并且充分经验这个作品。解构主义者并不认为作品只有一个意义;其实,作品的意义可能有多种。即使我们当面请教了艺术家,我们仍会认识到艺术家自述的意图并没有说明全部情况。解构主义者甚至认为,不存在可以阐释的那一种"全部情况"。即使有这种可能,确定那唯一的意义可能会涉及各种各样的考量。但这又是不可能的,变量涉及的范围广泛且影响巨大。因此,不存在只有某一种意义,而是存在许多种意义。作品有很多阐释因此是合理的。

这就引向了选项(3)和选项(4)。选项(3)把焦点放在经验和状态上,该观点认为,给观者带来更好的审美经验的解释,才是唯一合理的解释,甚至只涉及一个观者也是可以的。如果个体自己作出的阐释使她对眼前对象的经验更有收获,那么就有理由认为这一阐释是合理的。如果审美价值就像许多美学家主张的那样,在观者的经验之中,那么就需要一种与价值联系的理由来决定已有的阐释的合理性。如果个体的阐释使其获得更好的经验,那她的阐释就是合理的。

选项(3)的问题在于,如果阐释增强了任何一个观者的经验,我们就又回到了承认任何阐释都合理的观点。这就有点像选项(1)的观点。假如萨莉对《圣母怜子像》的邮政系统状况的阐释带给她不同寻常的经验,因为她看到了圣母玛利亚的痛苦就总是会感受到等候邮件的痛苦,并且她意识到米开朗琪罗当时也会有同样的等待邮件的痛苦。毕竟,对艺术作品的欣赏多多少少和艺术家与观者的联系有关,或者说和艺术家联系观者的能力有关。如果我们承认这些因素有助于审美经验,那么采纳《圣母怜子像》的邮政阐释可能就说得过去。如此,只要观者是真诚的,她作出的阐释增强了她的经验,那么她的经验都是合理的。这种观点会导致产生相当多的合理阐释。

如果我们并不满意选项(3)的极端多元性,我们也许可以考虑选项(4)。如果有众多的观者,而不只是一个观者在阐释作品,更可能的情况是会出现一组数量有限但易于把握的阐释。就是说,易于把握是因为我们或多或少地会认同这一组中的所有合理阐释且理解这些阐

92

释。不同的阐释可以使我们从不同的角度来看待作品，从而很有可能增强我们对作品的欣赏能力。

阐释作品时依据共同的基础具有明显的好处，因为人们更有可能把对作品的阐释建立在更可靠的基础之上。像邮政这种阐释，可能只有萨莉才会有这种联系。然而，把伯吉斯的小说《发条橙》阐释为某种伦理自由的考虑，也许就有更为可靠的基础。人们可以根据书中的具体段落来为这种阐释找到根据。从选项（3）到选项（4）并不只是人数的变化，而是用事实说话，即所有观者作出的最能增强经验的阐释的依据都是相同的，特别是文字、绘画或乐曲自身的这些依据。

从艺术对象本身来说，阐释也可以是多元的。多元阐释涉及的范围可以用不同的基督教原教旨主义者的例子来说明。基督教原教旨主义者认为，《圣经》是上帝说过的千真万确、无误无谬的话语。既然如此，人们就会问，为什么又会有各种各样的基督教原教旨主义派别，有些派别之间差别还相当大呢？这是因为对《圣经》有多种阐释是不可避免的。虽然每个派别都想尽可能地接近上帝表述在《圣经》之中的原意，并且每个派别也对《圣经》的文字深入细致地进行了分析，也许还研究了《圣经》写作的原始文字，但不同派别阐释的差异一定会出现。因此，这个故事的寓意说明，不管我们多么认真地用文字事实来佐证某种阐释，可能仍然会有其他阐释，这些阐释都同我们一样，都对文字作了深入细致的研究。

总之，选项（4）使我们认识到，这一选项不仅是最客观的观点，而且是对观者经验的重要性作了说明的观点。选项（4）

（A）建立在群体基础之上，而不是单个个体的基础之上，

（B）强调对象自身的特性，且

（C）在许多表述中，首先说明进行作品阐释的重要因素：增强审美经验。

评论家们最常用的观点就是第四种观点。

第7章 审查艺术

纽约市前市长鲁迪·朱利安尼(Rudy Giuliani)曾被曝光对一场称作"感知"(Sensation)的艺术展进行言语攻击。这场艺术展展出的是"年轻的英国艺术家"的作品——达明安·赫斯特(Damien Hirst)是其中的主要人物——这些作品在布鲁克林美术馆展出。虽然赫斯特以创作很能吸引人的眼球的作品而闻名,他的某些作品对某些人来说令人厌恶(譬如他把动物切成两半来展出),但市长的主要注意力在一个叫作克里斯·奥菲利(Chris Ofili)的艺术家创作的绘画作品上。奥菲利的这幅作品叫《圣母玛丽》(*The Holy Virgin Mary*)。在画中,圣母玛丽的图像被小的生殖器的图像包围,她的一只乳房由一块真的大象粪便构成。朱利安尼威胁要中止市政府对美术馆的七百万美元的资助,并且扬言要把美术馆从原址迁出。朱利安尼称奥菲利的作品"令人作呕"且"亵渎神灵"。虽然他说他的威胁不是审查而是对公共资金的正确使用,但几乎每个了解这个故事的人都明白这显然就是审查。

评价一件艺术作品的总体价值并不只是考虑审美的和(或者)艺术的价值。(这两者是否应当成为判断艺术的唯一标准是一个更深层次的问题。)我们在审美地经验或对艺术作品进行判断时,通常会考虑的一些其他价值取向包括:

- 性别问题。

- 伦理和种族问题。

- 宗教或精神问题。

- 社会、民族或文化问题。
- 阶级和政权问题。
- 政治和经济问题。
- 道德和伦理问题。
- 性内容。
- 暴力描写。

虽然对审美对象和艺术对象的形式的审美分析可能不会考虑这些价值取向,但我们在欣赏这些审美对象和艺术对象时,却会常常清楚地感受到这些价值取向的影响。之所以会有审查,多半也是因为出于对一个(或多个)上述这些价值取向的考虑。

柏拉图认为,如果艺术有价值,它的价值就在于对国家的支持。艺术要体现其价值就必须歌颂英雄和诸神的美德。艺术必须宣扬坚强和勇敢的品质,不得表现过度的情感或懦弱。如果艺术做不到对国家的支持,艺术展现的只是模仿的模仿,而不是真理,艺术就可能打击公民的士气。因此,柏拉图认为,应该审查艺术,不支持国家的艺术就应当被禁止。

托尔斯泰不是从支持国家的政治条件来强调艺术,而是从支持社会的道德和宗教条件来强调艺术。托尔斯泰认为,艺术家必须向受众传达艺术家所处的社会的宗教态度的真实感受。艺术家创作的作品不得与社会的道德和宗教取向背道而驰。事实上,艺术家创作的作品必须支持这种取向。托尔斯泰对艺术的要求与当今美国的许多保守思想者对艺术的要求没有什么不同。一些人认为,艺术应当在总体上反映社会真正和重要的价值。艺术不应仅仅表现艺术家个人的价值和观点。艺术家只是一个人而已,而观者却有无数。如果我们生活在民主社会,那些表现多数人的情感态度和信念的艺术才应当获得成功,这样的艺术才应当蓬勃发展。艺术的蓬勃发展才是争论的焦点。当今大多关于艺术的争论集中在用财政收入来资助某些艺术家和艺术形式这一问题上。有关审查的最有趣的一个问题就源自这一争论:政府在资助某个艺术家、某种艺术形式或艺术运动时,它实际上是不是就在实施审查,而不是为了另外的目的?

在艺术和社会的历史发展过程中,审查都一直存在。很显然某些审查(通过颁布法律或其他方式)是合理且必要的。儿童色情和"虐杀电影"(真实的杀人电影)就是两个例子。这些东西不但有悖道德,而且极应受到谴责。不过,问题是:审查应当有一个什么样的恰当的尺度,我们愿意容忍多大程度上的审查,我们想在多大程度上收紧审查?回答这些问题并不简单。许多人会说在美国人们对艺术家恰当地创作的期望极为严格,另外许多人则会说艺术的指导准则过于宽松。有没有令人满意的审查方式呢,如何才能找到这种方式呢?

7.1 淫秽艺术

95

资助和公开展出被某些人称为"淫秽"的艺术作品在当前引起了人们最激烈的争论。现在来看一下罗格·梅普尔索普(Roger Mapplethorpe)的例子,梅普尔索普是一个因直白表现性主题而出名的摄影家。他的多数作品看上去审美水准很高:有些摄影作品表现出很好的构图、对称、光线等。但问题是,这些是否是淫秽作品?

也许更根本的问题是:是否存在"淫秽艺术"这种东西?一些观察人士认为,根本不存在淫秽艺术。他们宣称因为梅普尔索普的作品很淫秽,所以不是艺术。这就表明他们认为淫秽的对象不能成为艺术。他们认为这些所谓的艺术对象只不过是淫秽的媒介,和色情作品没有什么两样,就是说,是一些专门制作出来、完全迎合部分人好色癖好的东西。

虽然这些作品会引起淫秽判断,至少对上述那群人来说是如此,不过对把这些作品主要当作审美对象的人来说,或者把这些作品当作主要是引起审美经验的媒介的人来说,似乎并不是那么回事。就像我们能够确定一些作品会引起一些观者产生淫秽判断一样,我们同样能够确定这些作品对另外的观者来说可能不会让他们产生同样的判断。

"淫秽",或一件作品引起淫秽判断的机能,似乎是一种有趣的关系。很明显,淫秽不是作品内在的特性。如果没有观者的加入,如果观者个体不那么敏感,不那么容易被冒犯,作品也许就不会引起淫秽判断。没有了观者及观者的敏感性,作品本身就无所谓淫秽或不淫秽。正是因为有了观者的加入,作品引发淫秽或非淫秽反应的机能或能力才会以颇为有趣的方式实现。观者对作品的机能或能力的接受性可能且一定会有所不同,不光观者与观者之间不同,而且这一时刻与那一时刻也不同。毫无疑问,梅普尔索普的作品要是放在18世纪或19世纪一定会引起观众非常强烈的反应。如今的社会在总体上,至少在表面上,更能容忍在某些地方的人们看来是非常不像话的主题。

那些确实会引起观者——譬如说,全体观者或大部分观者——淫秽判断的作品,就不是艺术作品吗?好像不能做这样的推论。虽然一个对象也许会引起观者多种反应——人们也许会从对象的功能来看待对象,譬如说修剪草坪,或者激起好色的癖好——但这并不是说同样的对象就不能引起某些审美反应。就是说,虽然有人宣称梅普尔索普的作品大抵引起的是淫秽判断,但这并不意味着他的作品不能引起审美判断。

无论艺术是什么,很清楚的是,艺术引起的反应如果与我们可能称之为纯粹的审美判断有所不同,也不会降低艺术的身份。确实,毕加索的《格尔尼卡》如果不是表现战争的暴力会有审美震撼力吗?如果我们完全无视吐温(Twain)的《哈克贝利·费恩历险记》的道德因素,这一小说还会有审美价值吗?虽然看似清楚的是,艺术作品大抵最有价值的地方是它们能引起我们丰富而有收获的审美反应,但似乎也很清楚的是,艺术作品之所以能引起审美反应部分是因为对附带因素的考虑。这样的一些因素包括艺术作品的政治立场、道德观点,以及像梅普尔索普的作品那样表现某些性意味的功能,或者表达任何观点都是可以挑战的能力,例如在安德斯·塞拉诺(Andres Serrano)的作品[塞拉诺因其摄影作品《尿浸基督》(Piss-Christ)获得美国国家艺术基金会的资助而饱受争议]以及在近期奥菲利的作品中看到的那样。由此可见,人们没有理由说,因为一样东西很淫秽,所以就不是艺术。同样一个对象很可能既淫秽——因为它引起了淫秽判断——同时又是艺术对象。

讨论这个问题的目的就是要对应当如何对待淫秽艺术作出判断。显然,我们应当限制青少年接触淫秽艺术,至少从家长这个角度来看,青少年把淫秽艺术当作艺术来欣赏,身心还不够成熟。但在美国,相比避免冒犯他人的道德或宗教情感,人们明显更看重表达自由。如果表达自由更为重要,那么对淫秽艺术的审查就不应当凌驾在表达自由之上。

7.2　划分界限的建议

纯粹从审美的角度来判断一件艺术作品与我们实际的做法并不一致,似乎我们必须把艺术置于一个道德的社会环境来看待。很明显,不应当忽视像《格尔尼卡》《哈克贝利·费恩历险记》以及西斯廷教堂圣坛墙上的《末日审判》(The Judgment Scene)这些作品带给我们的教训。忽视了这一点就会无视这些作品的整个价值。把这些作品带来的教训和道德观点考虑进去,对这些作品的审美经验就会更加全面。

现在来看看下面的建议:也许我们评价艺术作品的方式应当是,把作品当作其表达的所有观点的集合,对每一种观点的思考都会提升作品的价值(或提升对作品的经验)。譬如,有人在关注《哈克贝利·费恩历险记》的道德观点时可能会获得更丰富的体验,有人在得知创作《格尔尼卡》是为了抗议在西班牙内战时对一座小镇的非正义的轰炸后,可能会产生更有价值的体验。

这种方法的问题是,它听上去也许颇有道理,但没有考虑到有些价值会削弱对艺术对象的经验,因为这些价值从道德、宗教或其他方面冒犯了我们。安德斯·塞拉诺的《尿浸基督》是一幅将十字架浸入瓶中尿液而拍摄的作品,虽然这幅照片的审美标准兴许值得称道,但观者对这个作品的经验可能会受到极大的影响。人们可能因塞拉诺这幅照片的主题而受到极大的冒犯,这不是基于审美的原因,而是基于道德的原因。这恰恰就是朱利安尼市长看待克里斯·奥菲利的作品时面临的情景。此处,对作品可能的宗教含义的关注大大降低了经验的价值。第一种评价艺术作品的建议是:所有价值,无论是增加还是削弱了对作品的总体经验,都应当被包容在内。不过,如果所有价值都被包容在内,这显然就等于什么也没说。

再来看第二种建议。尽管我们有表达自由的强烈信念,但作为社会的一员,我们会坚守某些价值且认为这些价值要比欣赏艺术更为珍贵。这些价值可能包括生命权、健康权(包括心理健康)、财产权和自主权。如果这些价值因为创作或展出某些艺术作品而岌岌可危,那么人们可能就会主张应该对这些艺术作品进行审查。

在 20 世纪 70 年代早期,克里斯·波顿(Chris Burden)创作了两件有趣的艺术作品。其中一件叫《枪击》(Shoot),他让人朝自己的手臂开了一枪;另一件叫《呆立》(Transfixed),他让人把他十字架般钉在一辆大众轿车上。类似这样的作品应不应被审查呢? 很明显波顿是把枪和钉子对准了他自己,如果他把枪和钉子对准别人,那就不是审查的问题,而是触犯法律的问题了。但由于他只是在伤害他本人,这能否构成对他自己的生命权和健康权的侵害? 或者不如说这是对波顿身体自主权的尊重吗?

人们逐渐对涂鸦有了新的认识。有人认为,年轻人在夜晚“标记”在建筑物、桥梁以及轿车上的这种涂画是本土艺术的明显事例。“标记者”只是破坏者吗? 或者他们就是艺术家? 如果他们在不属于自己的财物上展示他们的才能,他们算不算是破坏者? 如果他们在公共建筑上涂画呢?

我在读大学的时候曾经非常有幸参加了在苏格兰爱丁堡举行的“爱丁堡艺术节”,这是一场持续数周、日程满满的艺术盛会。艺术节每年八月底至九月初举行。我去看了在一个非常小的剧场里演出的一场实验剧。这个剧场如此之小,以至于观众如想离开剧场就得爬上舞台才能出去。这样的话我们是不是被困住了? 如果你困住了观众,这是不是侵犯了他们的自主权? 或者说,即使观众知道他们会被“囚禁”着看完这场戏,他们仍然选择要去看,这在道理上讲得通吗?

如果人们希望看到某物但艺术家却“迫使”人们看到另一物——从观众角度来说是不希望看到的东西,这又算不算侵犯了人们的自主权? 在电影《欢乐糖果屋》(Willy Wonka & the Chocolate Factory)的一段划船的场景中,一只小鸡的头被砍掉。这个场景非常出人意料,或许使不止一位父/母心生一阵担忧。有许多观看艺术作品可能造成严重心理伤害的例子,这些伤害或者波及个体,或者——就像我们不断说到的色情作品一样——波及整个社会。

　　这些例子说明,应当审查的作品和不应当审查的作品之间的界限并不十分清楚。鉴于我们所处的时代面临着巨大的艺术挑战,应当审查什么和不应当审查什么的问题仍然具有现实意义。

第4部分　判　断

第8章　定义"美"

8.1　为什么要定义"美"？

在开始这一章之前先说说为什么要定义美。我们先来谈谈一些与美有关的说法,再来思考"美是什么"这个问题。说到与美有关的话题,也许每个人都对"情人眼里出西施"①这种表述再熟悉不过了。从这个说法可知,美并非只是一种主观现象那么简单。这个说法同时告诉我们,一个人眼中的美也许和另一个人眼中的美并不一样,这一论断也许是对的。再进一步说,在回答事物是美还是不美这个问题上,如果有意见相左的论断,也许真没有什么标准可以评判孰对孰错。

在什么是美、什么不是美这些观点上,存在大量的分歧。美国人看到东非妇女表演的身体艺术时可能并不觉得这些身体运动有多美,但是这些妇女如果不参加这种活动,就会被认为不够漂亮而找不到对象,因而会被同龄人排斥。美国人大都也不会认为古代中国妇女裹脚的样子很美。岁数大一点的美国人如今在看美国的高中生和大学生时,很奇怪"年轻一代"怎么会觉得浑身穿刺很美呢？我在读大学时,"老一辈"会认为我们把头发染成各种颜色明显不好看。在给学生上课时,我常常会拿《蒙娜丽莎》做例子来说明这幅作品的美得到大家的公认,但学生们对此却不以为然,甚至认为是无稽之谈,因为他们根本

---

① 英语原文是：Beauty is in the eye of the beholder。也可译为：美在观者眼中。——译者注

不觉得《蒙娜丽莎》很美。这种对美的不同看法不胜枚举。

　　但是仔细想想就会发现,那种认为美只是个人观点的看法表明了几层意思。首先,一个人在说到他的爱人很美时,总是和他的愉快心情联系在一起的,这种愉快心情又与他的这种表述的无关紧要或个别性联系在一起。如果有人称赞莫奈的绘画很美,或者评论默谦特-艾弗瑞电影公司拍摄的电影很美,那么他追求的应该是同样的愉快感受。如果确实是"情人眼里出西施",那么到头来事物是否真的很美就无法确定了。在这种情况下,有人说某个东西很美就等于在说他喜欢眼前的所有东西,或者等于说这个东西讨人喜欢,或者说只是在表达他当时恰巧处于的那种情绪或心理状态。如果个体作出某物很美的陈述只是他自己独有的个别状态的表达,那么这种陈述要么是涉及个别性而无法讨论,要么只是一些无关紧要的表述。把美降格理解为"情人眼里出西施",意味着没有哪一个"情人"的审美判断会比其他人更高明,当人们宣称某物很美时,这种论断可能就没有任何效力。这样,由于争论并非基于事实,所以对美的讨论也就无法继续进行。

　　这种观点背后的另一层意思是,艺术评论(表现为公开发表的艺术批评)成了评论家发表个人观点的事情,而且本质上这种个人观点没有实质的内容。同理,如果美只关乎个人观点,那么我们就无法判定政府或一帮政府官员是否应当用纳税人的钱来资助他们认为是美的项目。同样的事例还可推演至博物馆馆长、美术馆负责人、为公共建筑购买艺术品的出资人等。如果美没有标准,没有事实依据,那么有关对事物的美的判断要么无关紧要,要么只是个人观点。

　　另外,也许"情人眼里出西施"的论断并不是说,每个人的判断都是好的判断。如果可以这样理解,那么这种理论也还是有支持者。大卫·休谟在某种程度上就支持这种理论。不过,与一些相对主义立场更突出的支持者不同的是,休谟认为"情人"在判断事物是否为美时可能犯错误,他同时认为,应该有一种标准可以将"情人"们所作出的好的判断和坏的判断区分开来。

　　一般更倾向于认为,当有人说一个东西很美时,他所说的是这个东西真实的方面,他的意思是要作出一个判断,这个判断至少向其他观众传递了这样的信息,那就是,他们也会发现这个东西很美。说一个东西很美的人通常想要证明自己的主张,并引用证据来为自己的观点辩护,这意味着这些人并不认为说一个东西很美只是表达一种个人的观点。

还有一些人,他们虽然也宣称一个东西很美,但当被人反驳时就退而求其次,以"每个人都有权利坚持自己的观点"来作解释。不过也许更能说明这一现象的是,这其实是为了避免争议或者是为了避免被要求举证和论战。当别人赞同而不是反对他们的观点时,他们可能就会自信地认为他们看到了这个东西的某些真实属性,别人对他们观点的赞同也会增加他们对判断的自信。

学术界比"普通"人更热衷于把对美的论断降格为个人的观点。普通人在说到某个东西很美时确有所指。然而,学术界长期以来不辞辛苦地探索"美"这个东西,还得面对形形色色的相互矛盾的观点,这就可能使(学术界)选择一条"个人观点"的路线。不过,这并不是说对"美"的定义的探索会以一无所获或一无是处。恰恰相反,如果人们的普遍观点都认为美有所指,那么对美的定义的探索就不是浪费时间,这种探索体现了我们认识人类经验的不懈努力。

8.1.1 美和审美价值

在探讨美的同时,我们也要探讨审美价值,这是两个关系密切但却不同的概念。两者都得对审美对象的价值作出最终的判断。但是,我们可能通常认为有些对象很美但并不一定具有审美价值,有些对象虽然具有审美价值但并不美,因此对这两种判断的区别做一些说明是有必要的。

我们会认为有些对象并不美,但从审美的角度来看,我们却仍然欣赏这些对象,审美价值就适用于这些对象。一个很好的例子就是弗朗西斯·福特·科波拉(Francis Ford Coppola)在 1979 年导演的影片《现代启示录》(*Apocalypse Now*)。有人也许并不认为这部电影很美,但它的确是一部上乘之作。与那些美的电影一样(例如默谦特-艾弗瑞电影公司拍摄的《霍华德庄园》(*Howards End*)),这部电影同样值得大加称道。

一些人认为"美"这个词可以包罗万象,"美"应当用来指那些既是美的,同时又具有审美价值的对象。他们认为默谦特-艾弗瑞和科波拉的电影都很美,因为他们用"美"这个词来指双重含义:既指美又指审美价值。不过,这样的做法似乎混淆了"美"的用法。既然我们在评价这些对象时明显采用了不同的标准,为什么要只用"美"这一种用语呢?

美和审美价值的差别可能是这样的:当说到美的东西时,人们的意思是它产生了某种感官愉悦,或许这种愉悦是即刻的,几乎不需要认知因素参与,也不需要花什么时间;当说到具有审美价值的东西时,人们指的是充实、振奋、收获等。一般来说,审美价值不光是感知的判断,判断审美价值需要时间考虑。没有时间考虑这一环节,对事物的欣赏就不充分。

讨论至此,似乎审美价值要比美更好,然而这两个概念更像是硬币的两面,而不是冤家对头。美也许是人们在体验给定对象时直接感知到的一种愉悦或魅力,审美价值的判断则是一种更成熟、更深刻的欣赏和乐趣。如果这种区分是对的,那么"美"和"审美价值"则是近亲,只不过主要在时间或投入的程度上不同罢了。这样看来,只体现了美或只体现了审美价值的作品并不见得就比两者都体现了的作品更差。这两种判断并不具有累加的效应,它们只是对事物不同角度的描述。归根结底,这两者绝非毫不相容,而是欣赏事物的两种不同方式。

8.2 形式主义

美的形式主义理论和艺术的形式主义理论有所不同。譬如,柏拉图和亚里士多德的艺术理论是模仿论或再现论,他们判断事物是否为美或具有审美价值的观点却大体属于美的形式主义理论。人们相信艺术作品之所以是艺术作品是因为它们是对事物的模仿,他们也有可能相信事物之所以美是因为事物显示或呈现了某些属性。

假如萨姆看到一尊人的塑像,比如说乔治·华盛顿(George Washington)的塑像,他认为这尊塑像是艺术因为它再现了美国历史上一位著名的人物。萨姆可以用同样的标准来评价这尊塑像是否是一件好的艺术品。也就是说，如果萨姆认为这尊塑像是一件好的艺术品的话，那是因为它看起来很像华盛顿并且它刻画出了萨姆认为的那种美国开国元勋应有的气质。但是，萨姆也可以用这尊塑像是否准确或忠实地再现了它所表现的对象来判断它美或不美。他采用的判断标准也许是形式品质的标准，譬如，塑像表现的平衡、优雅的线条、稳定的构图等。形式品质指的是事物是否呈现出诸如平衡或优雅等形式的属性。这些属性，取决于线条、颜色、形体、色调等因素的安排（一些理论家称之为基础属性）。

另外，我们也应当注意与柏拉图和亚里士多德的观点不同的情景：一般来说，当一个哲学家提出事物何以成为艺术的某种具体的理论，他会以此理论来解释什么是好的艺术。举个例子来说，克里夫·贝尔认为事物成为艺术是因为事物体现了有意味的形式，观众专注于这个事物时就会引发某种审美感受。对贝尔来说，事物成为好的艺术也可以用有意味的形式来解释，即好的艺术作品表现了相当程度的有意味的形式，这些作品要么大量地呈现有意味的形式，要么更易于或更强烈地给观众带来审美感受。

很多艺术理论可以用来解释事物何以为美，这一点并不难理解。但是想想这种情况：美的理论的诸多阐述却并非只用于解释艺术对象。许多美的理论也对自然对象（例如日落、海景、花草树木、猫、马等）进行解释。这些理论不光解释为什么绘画和交响乐很美（如果这些真的很美的话），同时也解释为什么（有些）落日和花草也很美。美的形式主义理论，就目前讨论的具体理论来说，可能属于上述宽泛的类别中的任何一种。美的形式主义者可能：

（1）以艺术理论代替美的理论，（2）认为美的理论和艺术理论不同，这或许是因为美的理论也可以解释日落、花草这些现象，或者，（3）认为根本没有艺术理论，但只是对美有兴趣、对事物如何变得具有审美价值有兴趣（因为日落和花草就像绘画和电影一样，可以具有或不具有审美价值，或介于两者之间）、对我们如何知道事物是否为美或是否具有审美价值有兴趣。

上面三种说法哪一种合适，要看探讨的是什么理论。

8.2.1 柏拉图

先来回忆一下柏拉图的艺术理论。对柏拉图来说,因为艺术只是模仿物质对象和自然对象的产物,而物质对象又是模仿理式或本质的产物,因此艺术远离了现实。好了,柏拉图的理式的一种说法就是美本身,那么顺理成章,美就是美的理式,最美或真正的美就是理式本身,这样,通过对美的理式的冥思我们就能真正认识美。柏拉图通过《会饮篇》中狄俄提玛(Diotima)和苏格拉底的对话告诉我们,美的知识的获得始于对自然世界的事物的认识。我们先认识个别的人的形体,然后通过认识人的形体去发现不同形体中的美,接着找出所有美的形体中的美。接着,我们开始认识抽象的概念,我们认识到人的真正的美不在形体而在心灵。下一步我们认识到维护社会秩序的法律和制度。柏拉图指出,在此基础上我们认识到知识的美及各种知识的美;然后,我们就能认识到理式本身。当我们积累了足够的审美知识后,最终就能认识到美的理式。

柏拉图认为,艺术本身没有任何价值可言,因为:(1)艺术远离了现实,(2)艺术自称表现了知识,但事实上艺术无法做到这一点,(3)艺术关乎感官,但真正的美关乎精神,(4)艺术迎合的是心灵的欲求的一面,而非理性的一面。不过,如果某些艺术能够为需要服务或是有实际的用途,那么这些艺术也还有商量的余地。柏拉图指出,艺术要体现其价值,就必须有利于社会和国家。艺术的价值不是审美价值,也不是教学价值(用来教授技能)。如果说艺术有什么价值的话,那就是维护国家的政治价值。艺术要服务于培养德性、歌颂历史英雄、赞美诸神美德的目的。艺术应当只宣扬力量,而不是脆弱;只宣扬勇敢,而不是怯懦。艺术也不应当宣扬虚弱。也就是说,像悲剧这样专注于人性弱点的艺术,就不是好的艺术形式。此外,以煽情为目的的艺术也不是好的艺术。让人痛哭、使人过分反省、令人忧伤的戏剧艺术也不是好的艺术。只有表现欢庆的艺术形式才有价值,其价值体现在能够激发人们变得更强大、更善于沉思、更能在社会中充当积极的角色。因此,一个对象为美则这个对象(1)是展现了美的理式的对象。在这个对象的身上体现的理式和美的关系越密切,则该对象就越美。

不过,一个对象要具有审美价值,则该对象(1)是一件人工制品,且(2)有助于培养公民的美德,帮助公民认识到他人身上的美德,如英雄和诸神的美德,通过这种方式支持国家。

对了,还有一些非常类似柏拉图思想的理论。回想一下托尔斯泰的例子,他就认为艺术应当为它所处社会的宗教服务。如果艺术做不到这一点,就不算是好的艺术。

8.2.2 亚里士多德

亚里士多德的美和审美价值的观点,就像他的艺术理论一样,和柏拉图的理论有明显的不同。我们先来探讨一下他和柏拉图的相似之处。和柏拉图一样,亚里士多德从两个不同的方面谈到了事物何以为美或何以具有审美价值。然而在这两者的内容上,柏拉图和亚里士多德却有所不同。第一个不同是亚里士多德对价值的解释,第二个不同是他所说的有助于形成事物的美和价值的那一组特定的东西。

亚里士多德的价值理论,无论是在美学还是在其他涉及价值判断的领域,业已成了尽人皆知的"价值的功能界定"。这种功能界定认为,事物要有价值,则该事物必须(1)很好地体现了所指的那类事物的事例。

这个定义不仅对典型的价值学科(例如美学或伦理学)的问题适用,也对任何使用"好的"这一词语的问题适用。例如,一把刀是一把好刀就是说它切割的功能很好。从客观上讲,一把刀如果很锋利、很耐用等,就会是一把好刀。当然,有人也会反对说,打猎用的刀和抹黄油的刀是不一样的。于是亚里士多德的分析可作这样的调整:一把好的猎刀要锋利、耐用、够大并且尖锐,一把好的黄油刀则要小巧、易握、对称且手柄末端成弧形。

功能解释也可以应用于定义艺术:成为好的艺术品就是要高度实现艺术品应该实现的功能。如果回想一下亚里士多德对事物何以成为艺术对象的分析就会发现,他认为艺术对象要成为好的艺术对象,则该对象(1)是一件人工制品,(2)是对自然的普遍性和原型的模仿,(3)使观众(听众等)感到愉悦,并且(4)很好地满足这些条件[至少满足第(2)、第(3)条]。艺术的功能——它的最终目标——体现在第

（1）、第（2）、第（3）条上。因此，实现了其功能的艺术就是好的艺术。

令人不解的是，亚里士多德对自然有兴趣，却未对具有审美价值的自然对象作出解释。虽然功能的解释可以应用于任何审美对象的价值判断，但是在进行功能解释之前，我们需要给审美对象下一个定义——不仅仅是给艺术对象下定义。也就是说，虽然可以给那些具有特别用途的东西下合适的定义（一把刀的用途大体上就是为了切割东西），但审美对象的定义就不那么显而易见，而且容易引起争议。此外，如果仅仅希望对上述艺术定义作一些调整，那么仅存的条件就只剩（3）和（4）了。这样，一个对象要成为好的审美对象，则该对象（A）使观众（听众等）感到愉悦，并且（B）在很大程度上实现（A）。

不过这个分析的说服力似乎并不强，因为有许多东西的确使人愉快，而且使人非常愉快，但一般情况下我们并不将其视作审美对象。以蛋糕和冰激凌为例，除非先虚构一个以蛋糕和冰激凌为审美对象的故事，否则无论蛋糕和冰激凌有多么可口，这两者都不是审美对象的恰当事例。人们在吃东西的时候也许会很愉快，但是这种愉快的感受与他们在欣赏美妙的日落或者莫奈的作品时的愉快感受是不同的。

亚里士多德需要确定的是，人们在欣赏审美对象时，欣赏的是它们的哪些方面。他的这第二种审美分析，明显就是形式主义的分析。亚里士多德认为，判定事物是否为美的最重要的因素是（1）秩序，（2）对称，（3）明晰。如果事物很好地展现了这些因素，那么事物就配得上称为美。如果一个对象显得很有条理，高度对称且界限分明，人们在欣赏这一对象时体验到封闭性或完整感，以及亚里士多德称之为明晰的感受，那么这个对象一定是美的。因此，一个对象为美或具有审美价值，则该对象（1）有秩序，（2）对称，（3）明晰且（4）很好地满足上述三个标准。

重要的是，亚里士多德提出了事物为美的充分必要条件的原则，通过这些原则，亚里士多德又提出事物为美的公式（公式用来规定事物为美或具有审美价值的形式的特点，这些特点必须是客观的特点）。这种设定美的原则的做法贯穿于美学的历史和各个分支。如果能够发现构成美的公式，那么我们就能在两个方面处于有利的位置：（1）我们能够根据这一标准对作品更准确地进行评论，艺术家则能在创作中

109

运用那些美的要素，这样就能确保他们的作品是美的。（2）由于可以从事物可呈现、可观察和易于理解的特点来分析，完成整个任务就更客观，这种做法就没有偏向性。

不幸的是，所有已知的公式或审美原则要么遭遇到了既有的明显反例，要么最初没有反例，但不久就会有反例推翻它们。也就是说，无论我们推崇何种公式，都必须清醒地认识到，它必须能够解释我们认为是（非公式规定的）所有美的事物。公式对美的界定必须与我们对美的直觉一致，而我们认为是美的事物则可能是一个非常大的集合，这就是一个问题。接下来还有一个问题：一旦提出了某种公式，它通常（1）能够解释一些艺术家创作的且被认为是美的作品，但这些作品明显不符合上述分析的标准，或者（2）能够解释某些事物且这些事物完全符合上述标准，但这些事物并不算美。

事实上，我们很清楚地知道事物美或不美，因为即使从来没有读过美学著作或了解关于美的哲学知识，我们都会发出类似"哦，多美的落日"或"我从来没见过这么美的玫瑰"的感叹。解决问题的诀窍在于，要能够找到一种界定美的分析，这种分析能够解释我们对美的所有直觉认识。亚里士多德作的就是这样的分析，他的分析也许就是提出一种公式。不过，至少可以这样说，要确定美的原则且这些原则必须符合美的事物的所有事例，这并不容易。这也是为什么类似亚里士多德的美的公式普遍招致反对的原因。反对这个公式只需要列举一件美的但却并无秩序、不对称且不明晰的东西就足够了，或者可以列举一件有序、对称且明晰的但不美的东西也足以推翻这种公式。如此，亚里士多德的解释就陷入了困境。

虽然亚里士多德对美的分析可能存在不足，但从他的分析中可以得到两点启示。首先，判定事物为美的一种方法就是给定一个公式，如果事物符合某些标准，则事物为美；如果事物不美，则是因为不符合其中的标准。不过，这种方法是有问题的。因此，第二点启示就是不去问事物是否真的为美，因为这种做法似乎会引起对公式的分析批判，而是可以问问我们如何知道事物是美还是不美。如果"情人眼里出西施"是对的，那么也许我们不应当过分关注客体事物，而应更多地考虑主体个人。以下众多对美的分析都是沿着这两条路线展开的。

8.2.3 夏夫兹伯里

安东尼·阿什利·库珀(Anthony Ashley Cooper),即夏夫兹伯里伯爵三世,从两个方面对美进行了分析,其一分析了事物是否真的为美,其二分析了如何知道事物为美。夏夫兹伯里是柏拉图主义者,也就是说,在某种程度上他相信美的真正的特性或美的本质存在于具体的美的事物之外。美的对象就是体现了美的本质的对象。问题是,我们如何才知道事物确实体现了美的本质?夏夫兹伯里采用的方法是,用无旨趣这个概念来判定事物是否为美。夏夫兹伯里被认为是第一个使用无旨趣的概念来这么做的美学家。夏夫兹伯里认为,如果我们无旨趣地观视事物——也就是说,撇开我们自身利益,不考虑事物可能带给我们的任何好处——那我们就会处于一种恰当的精神状态,这将有利于对事物是否为美作出正确的判断。夏夫兹伯里坚持认为,超感官的美的本质是存在的,如果我们专注于无旨趣地观视事物,我们就能够知道事物是否体现了美的这种本质。他相信我们都具有他称之为"是非感"的东西,也就是能够立即领会恰当和美的心灵之眼。是非感部分地包括趣味的感知能力,或者说觉察美的能力。当我们进行审美判断时,心灵之眼就对美进行鉴别,或被事物体现出的美的特性所激发。如果感知或态度是无旨趣的,是非感就会辨别到事物的美。

然而,与柏拉图不同的是,夏夫兹伯里进一步分析了事物为美所必须具有的自然属性。夏夫兹伯里提出了一个公式:如果事物为美,则必须并且确实具有多样统一的形式品质。我们无旨趣地观视事物时,如果以这种态度感知到事物的这种多样统一的品质,那么我们据此作出的事物是美的判断就是正确的判断。多样统一就像是看到了事物的各个方面,也就是事物的复杂性,但同时也看到了秩序、结构或者看到了将多样性串联起来的主线。不过,作为一种分析手段,对多样统一的解释似乎是开放的。

夏夫兹伯里采用双管齐下的方法来界定美。首先,为了能恰当地感受到事物美的特性,我们必须处于某种状态之下或保持某种态度,或者要有正确的倾向。其次,一旦我们处于无旨趣的状态,我们就能够根据事物是否体现了多样统一来判断事物是否为美。如果事物体现了多样统一,则事物就是美的;如果没有,则不是。因此,一个对象为美,则该对象(1)要处于无旨趣的态度的观视之下,并且(2)要体现了美的本质,即体现具有多样统一的形式品质。

首先,我们可能要问,(1)是否存在美的但却不具有多样统一品质的事物,或者(2)是否存在具有多样统一品质但并不美的事物。如果有这种事物,那么必定会出现下列两种情况之一:或者这种事物的确不美,或者我们没有无旨趣地看待这种事物。如果我们的心态正确,但仍然发现有(1)或(2)的情况出现,那么我们就不得不质疑夏夫兹伯里对美的分析的正确性。

现在想一想杰克逊·波洛克的作品。波洛克的后期作品可都算得上是多样统一的佳作。假设这些作品都很美,但如果我们无旨趣地看这些作品,结果并不觉得它们很美,那么在这种情况下我们可能并不认同夏夫兹伯里的解释。再以天空为例,譬如晴朗无云的天空很美,但它并没有体现多样性。夏夫兹伯里的支持者们也许会争辩说,晴朗无云的天空展现的是极致的统一,这种极致的统一作为一种美的标准,完全压倒了多样性。因此,尽管晴朗无云的天空十分统一,但这种情况仍然可以用多样统一来解释。

我们一旦开始像上面解释晴朗天空一样对美的公式进行调整,就会对美的分析进行过度的阐释,这样就会冲淡美的理论。如果我们对美的分析界定松散,目的是能够解释所有的反例(包括那些再明显不过的反例),那么对美的分析就失去了它原来想要实现的功能。如果我们要把所有的事物都弄得符合多样统一的标准,那么这种理论也就没有任何意义了。

8.2.4 弗朗西斯·哈奇森

弗朗西斯·哈奇森的观点在很大程度上和夏夫兹伯里的差不多,特别是在无旨趣的观点上两者尤其相同。不过,两者也有明显的差异,因此有必要对哈奇森的观点作一个梳理。首先,哈奇森不是柏拉图主义者,他并不相信存在一个置身于美的事物之外的美的属性或美的本质。但是,同夏夫兹伯里一样,他也提出了双管齐下的分析。为了作出恰当的判断,我们必须先保持无旨趣的态度,这种态度与人皆具有的某种天然的能力是一致的。只不过在说到这种能力时,夏夫兹伯里指的是是非感,哈奇森所指的这种能力则更具心理学的意味,有点像视觉或听觉的能力。这种能力就是趣味感,哈奇森称为"内在感官"。在哈奇森看来,虽然"趣味感"不像视觉或听觉一样有对应的物质的眼睛或耳朵感官,但趣味感这种内在感官与其他感官一样是真实存在的。

当我们人——具有正常感知能力的人——看到红色的事物并且立即确认看到的颜色就是红色时,也就是说,我们看见事物就触发了内在感官,然后我们立马就看到并且随即确认看到的事物的确很美。首先,我们必须明白,就像眼睛和耳朵一样,我们的感官必须能够正常工作。感官不仅要能正常工作,还得要训练且让其敏感。例如,萨莉也许能够辨认红色和橙色的差别,但要辨认薰衣草紫色和丁香紫色这两种不同深浅的淡紫色的差别可能就比较困难,原因是她可能训练不够。观看审美对象也是这个道理,要判断审美对象美不美,观看这些对象时就必须要训练。如果我们没有训练,那么可能就无法分辨美的事物和疑似美的事物的区别。

另外,像夏夫兹伯里一样,哈奇森也提出了判断事物是否为美的公式。对哈奇森来说,激发内在感官的是事物"杂多统一"的品质。因此,一个对象要为美,则该对象(1)要处于无旨趣的态度的观视之下,并且(2)具有杂多统一的形式品质。

就像夏夫兹伯里的分析一样,杂多统一也可以有多种阐释,过度阐释则危害极大。如果不作过度的阐释,哈奇森的杂多统一理论就会遭到像夏夫兹伯里理论一样的质疑。假设我们用恰当的无旨趣态度来看事物,那么事物可不可能(1)美但并未体现杂多统一,或者(2)不美但却体现了杂多统一呢?

夏夫兹伯里伯爵和弗朗西斯·哈奇森秉承了英国的经验主义传统,是 18 世纪仅有的两位推崇无旨趣审美态度的哲学家。在他们看来,要正确地判断事物是否为美,就必须保持处于某种特定的心态。我们在第 2 章已经对此作了讨论。

8.2.5 门罗·C. 比尔兹利

我们探讨了古希腊的柏拉图和亚里士多德的美的观点,也探讨了

18 世纪的夏夫兹伯里和哈奇森的观点。但另一个美的形式主义者,比尔兹利,却是一个当代的美学家(他于 1985 年去世)。比尔兹利对美和(或者)审美价值的讨论重心不在审美对象本身,而在审美经验。他尤其强调感知者和对象之间的关系。这一点很重要,因为它促使比尔兹利的形式论的分析特征发生了转变,即从严格地关注对象转变到既关注对象又关注感知者经验上。实际上,对事物有多美或有多好的评测并不只是通过对事物的评价就可以完成了,它也需要评测感知者专注于事物的形式特征时的心理过程,这与贝尔描述的现象较为类似。对比尔兹利而言,观者专注于事物的形式品质时所感受到的满足感,就是其对事物有美或好的程度的评测。审美经验就是,观者的注意力集中在事物的形式品质上,并且其心理状态表现为"一致和愉悦"。

　　事物的形式品质和观者的心理状态的关系是一种相互的关系。有三个与形式品质有关的指标可以用来评测事物:(1)统一,(2)强烈,以及(3)复杂。当观者的心理状态也具有统一,并且(或者)强烈,并且(或者)复杂的特点,并且通过对事物的关注观者感受到了心理愉悦,这时候事物就可能称得上是真正的美或具有审美价值。因此,一个对象要具有审美价值,则该对象(1)要具有统一,并且(或者)强烈,并且(或者)复杂的特点(自然的形式品质),且(2)使专注的感知者体验到愉悦的经验,这种经验具有统一,并且(或者)强烈,并且(或者)复杂的特点。

8.2.6　对形式主义的思考

　　通过对所有的形式主义的分析可知,事物的美或审美价值是由事物的形式品质决定的。每种形式主义的解释(柏拉图的解释除外)都提出了决定事物是否为美并且(或者)是否具有审美价值的一组标准或一个公式。如果事物具有某种形式的属性或恰当地显示了基础属性(基础属性指形体、颜色和线条等),那么事物就是美的或具有审美价值。如果事物不具有这些形式的属性或未能恰当地显示这些属性,事物就不美或不具有审美价值。

　　许多形式主义者除了提出美的公式外,同时还指出,要想恰当地欣赏审美对象,就必须保持某种心态。18 世纪的许多英国美学家认为,恰当地判断事物为美必须保持无旨趣的态度。比尔兹利则认为,必要的审美倾向并非出现在感知审美对象的开始阶段,而是贯穿于感知对象这一过程的始终。我们之所以有愉悦且统一/强烈/复杂的心理活动,是因为我们在感知对象的同时觉察到事物自身也具有同样的特性。

有趣的是,从 18 世纪的形式主义者开始,对事物为美的解释就从更客观的解释向更强调主客体关系的解释转变。主客体关系的解释认为,感知者在美的形成方面,或者在保持恰当的状态以便认识到事物的美方面起了作用。这与形式主义的艺术理论较为相似。虽然形式主义最初的目的是想通过强调事物自身的客观特性来决定事物的性质——艺术或者其他美的事物——但其发展方向却更偏向于观者及其心理状态了。

8.3　主观主义

8.3.1　趣味的标准:大卫・休谟的观点

大卫・休谟是史上最为人知的哲学家之一。虽然他并非是因为对美学问题的探讨而名声大噪的,但他的观点在美学界也有影响。休谟并不试图回答事物是否真的为美或具有审美价值这些问题。他更侧重于我们认识到事物是否为美的可能性,也就是说,他强调的是美的评价者的作用。

休谟有一句名言:"de gusibus non disputandum est"——翻译的大意是:"趣味无须争论"。如果对事物的欣赏使我们感到愉悦,在这一点上我们怎么会有什么错呢? 人们不可能因为别人的劝说就放弃了自己的情感喜好。个人的感受也许就是个人自己的事,无须理性的讨论。我们也许能够研究情感或喜好的原因,但是不能通过简单的理性探讨来影响情感或喜好。这就是休谟论美的起点。他在《论趣味的标准》中写到,"所有的情绪感受都是恰当的,因为情绪并不关乎其他因素,情绪只关乎情绪自身"。

假设萨姆和萨莉在街上漫步,萨姆认为一家商店橱窗里的东西很漂亮。但萨莉对此并不认同且试图说服萨姆放弃他的观点。萨莉可能说:"看看这做工多差劲,看这颜色多不协调。"但是无论她怎么说,萨姆并不为所动,仍然很喜欢那个东西。也许在判断这个东西是否真的为美或具有审美价值这一点上,萨姆可能错了,但坦白地讲,萨姆就不应当喜欢这个东西吗?休谟认为,在讨论审美判断之前,要认识到的真正的出发点是,好恶没有什么可以改变的(不必对好恶纠错),正是从这一点上,休谟建立了他的理论。

好了,并不仅仅因为一个人喜欢什么东西,这个东西就一定得是美的或具有审美价值。美和审美价值是两种不同的状态:美是一种简单而直接的心理状态;审美价值则是一种审美判断,在某种程度上我们必须论辩和证明这种审美判断。当我们说某个东西很美或很好时,我们不只是说喜欢这个东西,我们是在作出某种判断,是在评价这个东西。当我们说,"那个东西很美",我们说的是从事实的角度,那个东西本来的样子。也就是说,是否那个东西真的很美。休谟认为,虽然情感与审美判断也有关系——审美判断始于情感——情感并不是审美判断的全部。要理解审美判断就必须认识到,当我们进行审美判断时,我们作的判断或者正确或者错误,并且这个判断也是允许讨论和修正的。如果简单地把审美判断降低到情感喜好的层次,那么美这个概念就不是我们平常使用的这个词的意思了。我们通常用美这个词来下一个我们认为可能对也可能错的论断。萨姆说那家商店橱窗里的东西很美,萨莉可能回答说:"不对,那东西并不美。事实上它很糟糕。"当我们在宣称某个东西很美时,只有我们所说的美并不是指我们内在的情感时,这种论断才有意义。由此可见,休谟对美的解释不是纯粹的主观主义。"情人眼里出西施"的下一句并不是说"每个情人的眼光都一样好"。

休谟在他的论文《论趣味的标准》(*Of the Standard of Taste*)中写到,有些形式或品质似乎是为了使人愉悦或讨厌。我们常常把具有某些样式的事物看作美的事物,把具有另一些样式的事物看作丑的事物,这些事物呈现出的品质在它们的样式中就可以找到。休谟这么一说,我们可能会认为他要提出一种客观的美的公式,不过他没有;相反,他却提出一组基于经验的判断规则。

就这一点而言,休谟的观点似乎和提出一个客观公式没有什么不同。然而,他关注的决定美的因素并不是事物本身,而是观众或评判者。如果经验中存在美的规则,那么这些规则就存在于个体的判断之中,并且这些规则也是用来说明个体的判断的。因此,休谟没有研究被判断的对象,而是去研究判断本身。他试图要了解的是普遍情绪的类型。如果我们都喜欢或讨厌类似的东西,那么这些情绪类型就需要研究。此外,有大量的证据说明,人们喜欢的类型差不多,讨厌的类型也差不多。正因为有这些证据,休谟才说,有些品质能够使人愉悦,有些则不能。

遗憾的是,问题在于人们的好恶类型并不稳定、持久且万无一失。我们可能会对一些显而易见的美的事物有不同的观点,这种情况是会发生的。萨姆也许会认为莫奈的《睡莲》(*Water Lilies*)明显很美,但萨莉也许不会这样认为。或者会有些情况,事物就界乎于美与平常之间。为了解决这一难题,就得提出一种足够松散的判断规则(这些判断规则也许过于松散以至于难以将正确的判断和错误的判断区分开来,不过这一点还有待观察)。

休谟提出一种应对这个难题的方法。如果我们要看某人在某种情境下是不是作出了正解的审美判断,我们无须每次都搞个民意调查来确定此人判断的事物是否为美(民意调查总之是非常不靠谱的方法),我们可以转而借助作为特殊的批判家的判断,也就是借助真正的评判家。因此,一个对象要为美且/或者具有审美价值,则该对象(1)要唤起有恰当倾向的、称职的批评家的审美情绪,即唤起真正的评判家的审美情绪。

现在的问题是要找到这些真正的评判家。休谟提出,真正的评判家应该具备如下品质:

(A)心情平静(这一点在《论趣味的标准》中比其他五点都更早提及)。

(B)口味敏感。

(C)受过好的训练。

(D)精于事物间的比较。

(E)无偏见。

（F）好的辨别力（或感知能力强）。

那些至少要具备上述品质的评判家才是真正的评判家，他们也是可以决定事物是否真正为美的人。鉴于这些真正的评判家的背景和他们具有的特殊的品质，如果他们喜欢某一事物，就意味着这个事物确实很美。

不幸的是，真正的评判家这种说法也存在问题。首先，如果休谟的理论是正确，那么，在所有的美学研究中，就应当已经建立起了一套用于评判审美价值的原则，即建立了一种真正客观的公式。也就是说，如果我们能在各种判断中发现类型，那么我们就应当能够确定促使我们作出这些判断的客观属性。如果判断的相似性就是基于事物呈现出的特定属性，那么就有理由相信经过时间的洗礼，也许就已经找到并记录下了这些属性。有人也许会说，上述这种审美原则——如同休谟提出的那种观点——已经逻辑地建立了起来。但是，因为美的事物可以说是无限多样，要列出涵盖美的全部多样性就过于复杂，是不可能的。逻辑上要列出美的全部多样性是可能的，但实际上能够做到的可能性却非常小。

其次，有人批评说，似乎真正的评判家实际上是不存在的。这就使人们对是否真的有这一类的评判家产生了疑问。不过，某物不存在的事实并不意味着某物不可以存在。真正的评判家一定要具有不可思议的品质，个人集这些品质于一身的可能性更是不可思议的。然而，逻辑上并不能排除存在这种评判家的可能性。而且，我们也许乐见有这样的真正的评判家充当某种"理想"的标准——不是充当一个真实存在的评判家，而是为了实现一个目标，即实现建立好的审美判断标准的目标。

对真正的评判家这种理论的另一种批评是，在描述真正的评判家时，我们倾向于只加入我们自认为是因为评判家的能力才作出正确判断的那些品质。我们倾向于根据我们自身的特点来界定真正的评判家。考虑到我们自己并不是真正的评判家，这似乎是对真正的评判家理论的否定。一旦我们发现另外某个美学家认为真正的评判家要具有的品质与我们认为的真正的评判家具有的品质有所不同，这就又回到了前面提到的真正的评判者理论必须要解决的问题。我们是如何建立真正的评判家应具备的品质呢？如果是建立在人们一致的观点的基础上，那倒不如不要这个"中间环节"，直接看大多数人对美的事物的观点就可以了。就休谟的情况来看，他列出这几点非常明显是要寻找真正的评判家具有的共同品质，而不是审美判断的共同点，而且他的策略到头来恐怕也只能达到这样的效果。

最后，如果真正的评判家之间可能存在不可调和的矛盾观点，那又如何解释？假设萨姆和萨莉都同样是非常够格的评判家，他们都保持恰当的倾向来评判一个对象，萨姆认为这个对象不美，萨莉却认为这个对象很美。休谟的理论如何来解决这个问题呢？休谟在《论趣味的标准》中如此写道："（真正的评判家们的）共同裁决……是趣味和美的真正标准。"但是，如果两个真正的评判家的判断不可调和，又怎么办呢？如果两者的判断完全不同，根本没有共同裁决的可能，那又怎么办呢？如果对这个问题的回答是这种情况不可能发生，那似乎就违背了休谟界定审美判断正确与否的经验方法的特征。真正的评判家之间存在相互矛盾的判断是有可能的，这个问题也是所有问题中最难处理的。

如果休谟的理论不能回答上述问题，那么用真正的评判家理论来界定什么是美或什么是审美价值就会招致怀疑。在所有质疑的批评中，最突出的就是存在着真正的评判家之间互不相容的矛盾差异。如果这种情况真的出现，就需要找到分析如何确定两个合格的评判家孰对孰错的方法。换句话说，真正的评判家理论就不会起作用了。当我们想到如今艺术评论家的数量以及他们意见相左比意见一致更常见的事实，我们就更清楚地认识到这个问题的难度。如果让最好的艺术评论家（他们的品质最接近休谟列出的品质）充任真正的评判家，那么我们马上就会看到相互冲突的观点引起的巨大麻烦。艺术评论家相互间意见不同，他们在很多地方都意见不同。

8.3.2 普遍性：康德的观点

康德的美学观点，就像他的其他观点一样，完全可以认为是在休谟的观点的基础上发展而来的。如上述，休谟想要确认个体审美判断的权威性和多样性，同时也要解释审美判断有对也有错的现象。虽然休谟的理论旨在解决经验主义美学家面临的最棘手的问题,但除了坚信真正的评判家的判断之外,他并没有提出正确判断的标准。正是从这一点出发,康德开始思考为什么我们对事物的美或审美价值的种种判断都具有相似性。如果能找到这个问题的答案,那么就能建立审美判断的正确或错误的标准,同时还能保持审美主观性("观者的眼光")的特点。

康德是这样来论述他的观点的:当我们判断一个对象很美时——仅就单个对象,譬如某一天看到的一朵玫瑰——我们期望且强烈要求其他人对这个对象的判断和我们的判断是一样的,这种对相似性的期望和要求促使康德思考如何解释不同的观者会得出相似的审美判断。

一开始,康德只是谈论单个的判断:特别针对(譬如说)一朵具体的玫瑰的判断。这种做法有效地避免了提出美的客观公式的可能性。提出公式就要论及不同对象具有的相似特征。康德否认有这种可能性,他说,趣味的定律或原则是不存在的。

其次,讲到对相似性的期望,康德并不是指他称之为宜人的判断。宜人的判断关乎好恶。康德认为相似性期望的相似性指的是趣味判断或者审美判断的相似性。康德说,他所说这些判断与休谟的观点是一致的,就是趣味判断要比单纯的好恶情感更深刻。趣味判断指的是世界本来样子的呈现方式,这是一个事实问题,不能只从纯粹的情绪的角度来论证趣味判断。

这不是说情绪——喜欢和不喜欢——没有起什么作用。休谟认为情绪所起的作用和康德认为情绪所起的作用是一样的。但是,康德认为情绪只起部分的作用。情绪是审美判断组成中的一部分——情绪必须是审美判断的一部分,因为如果审美判断没有情绪的成分,那么审美判断就会成为纯粹的理性判断,审美判断就会像其他纯粹的理性判断一样受制于逻辑的审查。然而,情绪不是审美判断的全部,认知成分也在起作用。康德将认知成分描述为"理解和想象之间的自由游戏"。

既然审美判断既包括认知成分又有情绪成分,那么审美判断就不适合用纯粹认知判断的逻辑性来解释。康德认为,审美判断不是逻辑学家讨论的问题。对审美判断恰当地进行描述是纯粹的主观判断。

也就是说,审美判断在观者眼中。不过,这不是说审美判断因人而异。审美判断相似性的基础——审美判断普遍性的基础——是纯粹主观的,并且也必须是纯粹主观的。但是,就其他人的审美判断来说,个体作出的审美判断怎么会具有普遍性呢?

这确实是个棘手的问题。如果萨姆判断一朵特定的玫瑰很美,萨莉则判断其不美,那么即使我们的判断都是纯粹主观的判断,我们怎么就应当对此达成一致呢? 我们能做的也不过是始终不渝地有这种一致性的期望(要求)罢了。我们并未把寻找相似性建立在人们对事实认同的基础上,这种做法走的是纯粹经验的路线,康德认为这是错误的(这是康德和休谟理论的最大差别)。我们期望的一致性并不是因为我们真的达成了一致,而是因为我们必须达成一致。康德认为,审美判断要有意义,就必须具有普遍性。

审美判断不是纯粹的认知判断——因为如果审美判断就是纯粹的认知判断,就不会有上述的棘手问题了。我们只要用逻辑的方法进行正确的推理就可以得到正确的判断。但是审美判断也不是纯粹的情绪判断,如果审美判断就是纯粹的情绪判断,我们就不能解决休谟的好恶情感判断的权威性的问题。因此康德说,审美判断必须绝对有意义,审美判断的普遍性就必须既包括认知又包括情绪。还有,康德说,审美判断具有普遍性或一致性是因为我们具有常理。这个常理不是实用性的"常理",而是辨别个体对象的美或审美价值的复杂的能力。

人们具有常理可以部分地从人的身心相似性中找到答案。不同的人的审美判断具有相似性,部分地是因为人们审美判断中的认知成分是相似的。既然审美判断不只是情绪问题,还是一个康德称之为理解和想象之间的自由游戏的问题,并且审美判断既是认知的又是情绪的,我们就很容易解释为什么人们会作出相似的审美判断。我们具有相似的认知结构,因此即使我们的好恶情绪不同,也不难理解我们为什么会达成相似的审美判断。

但是,如何解释人们好恶情绪的差异呢? 如果我们认知结构相似,为什么我们的好恶的情绪就不同呢? 这可能是因为人们经历的不同,偏见和偏好不同,受教育水平不同,接触艺术或审美对象的程度不

119

同,成熟水平不同,也许甚至连感知能力也有所不同。

康德提出一种方法来调和不同审美评判家的好恶。这种方法基于无旨趣。对要进行审美判断的评判家来说,重要的是要保持恰当的心态,评判家恰当的心态就是无旨趣的倾向。康德的这个观点与夏夫兹伯里和哈奇森的观点相似。鉴于评判家的无旨趣倾向以及我们都有认识世界和作出主观判断的相似能力,我们作出的判断就具有相似性。康德说,至少我们的单称判断会具有相似性,譬如,"这一朵玫瑰很美"。通过无旨趣倾向,个体情绪的差异就被排除在审美判断之外。这样,一个人的审美判断就会类似于另一个人的审美判断。

不过这还没完。康德接着开始思考审美评判家个性的相似点。其中一点就是,所有人都认为世界在形式上是合目的性的。也就是说,事物总是以表现某种秩序或目的而出现的。

当我们对某物进行审美判断时,我们的想象力和理解力就在忙于康德称之为的"自由游戏"。自由游戏判断是不涉及这一事物的任何概念的判断。在一定程度上,我们并不把这个事物视作应当理解的事物,我们也不把这个事物作类别的划分。我们关注的是事物本身。例如,如果萨姆把杜尚的《断臂之前》就当作平日里看到的雪铲一样对待,那他就没有把这个作品当作审美对象。同样,如果萨莉把《米洛的维纳斯》当作一个巨大的挡门的物件来用,那她只是把它当作工具来用,没有把它当作审美对象。把事物当作工具,或者要通过它实现什么用途,这就不是把事物当作审美对象。

然而,当我们不涉及概念地对看待事物时,不会看不到事物的结构和形式的目的性。反过来,审美地对看待事物时,看待事物的方式则是"无目的的合目的性",好像事物的设计是有目的的,但是这种目的不是日常生活中满足实际用途的目的。这种看待事物方式的结果就是:第一,用有秩序、有目的的眼光来看待事物;第二,不得将审美对象当作达到某些特别目的的事物来对待;第三,仍然要把审美对象视为具有目的性——但却是"无目的的目的性"。有点糊涂了吧?是有一点。不过这很重要,因为它有助于理解人们为什么看待审美对象的方式比较类似,进而会作出类似的审美判断。

当一个人审美地对看待事物时,他就可以通过一种方式来对事物进行判断,这种方式可以使他自己的判断与他人对事物的判断融合到一起。当一个人判断某物为美时,他的言下之意是说每个人都应当同意他的判断,他期望其他人会作出与他类似的判断,否则他会认为别人错了。因此,一个对象要为美或者具有审美价值,则该对象要(1)被无旨趣地看待,(2)在想象和理解之间的自由游戏中被看待,(3)不作任何范畴的划分,(4)在样式上被视作有目的性,但在现实中并无真正的目的性,且(5)如果被以上述方式对待则会促使作出有利的判断,这一判断预期会得到所有其他采用恰当方式的评判家的认可,这些评判家具有相同的审美判断的认知结构。

不涉及概念,无目的的目的论以及想象和理解的自由游戏,这些意味着没有什么规则能够使我们客观地判断事物是否为美。构建美的公式是不可能的。我们不能借助一种规则来说服我们周围的人:因为他们的判断与我们的判断不同,所以他们的判断是错误的。判断的一致性必须只能通过个体自己对事物的考量,只能通过个体自身对事物的经验,同时将个体看待事物的恰当方式——无旨趣的方式——考虑进去。

没有什么趣味的原则能够表述得清楚。当人们的判断有了争议,康德将其归咎于其中一个评判家出了问题:要么是这个评判家在判断时没有采用无旨趣的倾向,也就是说他并没有在作趣味判断,只是在作宜人的或喜好的判断;要么这个评判家的判断不是自由的判断,而是有条件的判断,也就是说,他将被判断的事物放在相似事物的范畴之下来考虑,进而以这个类别的标准来判断这个事物。

虽然康德的审美理论解决了休谟的理论中存在的许多问题,但康德的理论也有问题。其中之一就是,康德宣称如果人们保持恰当的心态就会作出相似的判断,这从经验审查的角度来看是站不住脚的。我们可以从经验的角度来考察,如果满足了康德的全部条件,我们的判断是不是真的会一样。问题在于康德的这种理论不可能正确地解释日常生活的审美判断经验。看起来仅从常识性的经验来判断,康德就错了。以最具审美特性的情境来说,譬如以看戏或看画展为例,我们会发现即使保持相同的无旨趣的心态,人们对什么是美和(或者)什么具有审美价值的判断并不完全相同。

121

　　康德也许认为这种批评是一种误解。他也许会说,审美评判家们,即使处于恰当的无旨趣的心态,实际上会不会作出相同的判断,这不是一个重要的问题。重要的问题是,在审美判断中,评判家期望,或者说要求其他评判家同意他的判断。期望别人同意自己的判断是合理的,别人是否真的同意并不重要。

　　分析康德的无旨趣概念还会发现另一个问题。说到"无旨趣",康德的意思是对待审美对象的态度必须是不得考虑它的实际存在。个体除了应当关注对象的外观样子或者感受对象之外,其他方面都不应当考虑。不过,如果我们只应当关注对象的外观样子,外观样子就是唯一有价值的东西,那么实实在在的对象就没有价值了。如此一来,拥有一件艺术品就不重要了,也不值得鼓励人们去拥有一件艺术品。但这就很不可思议,我们当然都喜欢不断地接触到审美对象,这样,冥思形象的审美经验才会发生。我们当然也都想拥有审美对象。此外,令人奇怪的是,无旨趣的说法似乎是要让我们相信事物的形象或想象的表象要比事物本身更有价值。以下面的例子为例:假设每个人都对莫奈的《睡莲》这幅画描绘的样子记忆清晰,这幅画的作用仅仅就是给我们提供头脑里形成的形象,那么是不是《睡莲》这幅画本身就不再有价值了呢? 如果国家美术馆被烧毁,即使我们对《睡莲》记忆犹新,难道我们就不会对此感到惋惜吗? 照此推论,如果对象本身不是重点的话,那就只有形象才最重要。

　　尽管康德没有提出美的规则或公式,但他在审美判断普遍性的分析解释方面取得了巨大的进步。不过他的分析似乎也存在问题,因为他并没有充分解释清楚他那与休谟有关的问题,也就是评判家之间根本的、不可调和的差异问题。

　　重申一下,要注意康德对美的分析从其影响程度和普及程度来说,与他对其他领域的分析相比,几乎都是排在第一位的。一般认为,康德对美的分析是美学史上对美这一问题的最严谨、最出色的分析。康德处在哲学史上一个很有意思的节点,在他所有的著述中都可以看到各种哲学倾向的交融。但更突出的是他对哲学的多方面的影响。自然主义传统就受到了康德思想的影响,尽管这种影响也许不是立竿见影或直接的影响。

8.4 自然主义

自然主义的传统是最近一段时间才发展起来的。"自然主义"并不是指那种最自然的就是最美的美的理论,譬如说从模仿的角度来定义的美的理论。相反,"自然主义"指的是当今哲学圈子使用这一术语的含义。也许最简单的解释就是,自然主义致力于从科学的视角来解释世界,自然主义相信科学探究可以解释世间万物。自然主义者试图借助实证研究、科学方法以及物质世界来解决哲学问题。因此,在讨论美学问题时,自然主义者更加注重实证心理学和其他科学采用的经验研究的方法。在本节的后面我们将更详细地探讨美学和心理学的关系。

8.4.1 乔治·桑塔亚那

乔治·桑塔亚那对美是什么这一问题的论述很简约。桑塔亚那认为,美完全是由人的情感和兴趣决定的。他说,美就是一种主观的现象。因此,他的理论也是看重"情人眼里出西施"的。这样的话,对美的探究就必须从欣赏美时的心理状态的基本特性入手。桑塔亚那认为,有一个因素始终都与美对我们的吸引力有关系,这种吸引力可以描述为与美的对象有关的一种愉悦感受。简言之,桑塔亚那相信美就是愉悦的具体化,愉悦就是美的对象的某一方面或某一要素。因此,一个对象要成为美的对象,则该对象要(1)体现愉悦的具体化,这样无论任何时候来欣赏这个对象,它都会激发观者的愉悦感受。

仔细想一下你自己的经验。当你在看一个对象并且体验到审美经验时,通常情况下难道不会感到愉悦吗?虽然像看《现代启示录》这样的电影本身也许并不令人愉悦,但如何解释我们想要回头去一遍又一遍地看那部电影呢?也许不是所有审美经验都能给人带来即刻的愉悦感受,但愉悦似乎又确实是美的定义的组成部分,否则怎么能解释我们对审美对象的兴趣或者审美对象对我们有吸引力呢?我们想要重新回到我们过去感受过的审美情境,想要追寻新的审美情境,为什么会这样呢?桑塔亚那说,愉悦是审美经验的必要组成部分,在这一点上或许他是对的。

除了提出愉悦的具体化概念外,桑塔亚那还有一个贡献。桑塔亚那对美的研究的方法不是历史的方法或说教的方法,而是心理学的方法。他通过研究面对美时的感受——真正的感受——来研究美是什么。这样美的性质就可以从感受这种基本特性来界定。在桑塔亚那看来,美学是由诸多价值研究组成的,这些价值研究直接或间接地取决于情感意识、欣赏、偏爱以及嗜好。

在桑塔亚那的分析中可以看到其强烈的反康德、反 18 世纪美学的倾向。桑塔亚那认为,我们不应当采取什么无旨趣的态度,恰恰相反,为了研究审美,必须承认我们对审美对象有十分重要和浓厚的兴趣。审美对象不是要与我们保持距离,或者与我们的情感无关。审美对象应当被视为我们真正最感兴趣的部分。一个人说某样东西是美的,另一个人也应当认为是美,这种说法毫无意义。桑塔亚那说,美的普遍性的观点错就错在认为美是一种客观的属性。桑塔亚那主张,美是一种主观的现象。

桑塔亚那的这种分析也许存在着明显的问题。首先,这一分析会面临陷入极端主观主义的风险。桑塔亚那似乎并没有考虑到判断的相似性,什么事物为美、什么事物具有审美价值,这些审美判断如果没有相互联系的共同点的话,美和审美价值这些概念除了在词典里作一些用法解释外,似乎也就发挥不了什么作用。如果说到美我们的意思只是某种心理状态,那么我们还是不能回避审美判断实际上怎么会对或错这个问题。

另外一个问题是,有许多东西似乎令人愉悦,但并不特别审美。虽然人们吃蛋糕和冰激凌时会很满足和愉快,但在正常情况下,人们不会把蛋糕和冰激凌这类东西当作审美对象,更不会把它们当作美的对象。

8.4.2 约翰·杜威

约翰·杜威是知名的审美自然主义者。但是,较之美的现象,他更多讨论的是审美经验。就本书的目的而言,我们将重点讨论审美经验是如何形成的。

我们需要先搞清楚杜威所说的审美经验指的是什么。杜威把审美经验解释为感知者和对象之间的交互关系。杜威在使用"经验"这个词语时所指有两层意思。第一层意思指的是个体和其周遭世界的交互关系；第二层意思指的是第一层意思的一种特别类型。杜威把这种特别类型称为"整一经验"，整一经验就是主要体现了统一性和完整性的任何经验。

任何经验，不管是整一经验还是一般的经验，在某种程度上都具有审美性，尤其是从其具有的统一性的程度上来说更是如此。但不是每种经验和其他经验的审美程度都一样，甚至也不是每种统一的经验和其他统一的经验的审美程度都一样，因为不同的经验，其统一的程度也不同。杜威肯定会同意像刷牙这样一些平常的事情不大可能是审美经验，但是刷牙仍然可能在一定程度上体现审美性质。

真正具有审美性质的经验就是杜威所分类的整一经验。虽然所有的经验从统一性的程度来看都算得上审美的——就是说所有经验在某种程度上都是审美的——但是最大限度地体现统一性的经验才是真正的审美经验。当某一过程就其自身来说是完满的且具有单一的特征，这一过程就可以称为整一经验。典型的整一经验有观看绘画作品、听音乐会、读小说等。

这种观点无疑是认为决定事物或事件审美性质的因素在于主体及其经验。经验是否是整一经验的判断完全取决于个体感知者所感知到的经验。只有通过感知者的经验，特定的对象才能被判断为是审美的，由此可见，经验的审美性质也就具有个别化的特征。表面上看，这是审美判断的主观主义的解释，但必须要注意的是，不能因为强调主观性而牺牲判断的可比较性。杜威避免了出现这一问题的危险性。

在对审美对象有了深刻的理解之后，个体就能够欣赏审美特性，了解并欣赏审美特性相互之间的关系，然后能够了解并欣赏审美对象和作为主体的人之间的关系以及审美对象与其他同类别事物和环境的关系。通过所有这些，主体就形成了整一经验，整一经验不只是片刻的愉悦，甚至也不只是审美的。通过整一经验，个体构建了一种结构，这个结构使得个体能够更加持续、深入地欣赏审美对象，进而能够欣赏与审美对象同一类别的其他对象，最后能够从整体上欣赏所有的审美对象。

审美判断最核心的因素就是个体的经验。不过，由此要看到的是，伟大的艺术作品，或者说最经久不衰的审美对象，就是那些带来最丰富审美体验的对象，或是常常形成整一经验的对象。这样，个体的自主性就与艺术史中提到的规则性并不冲突，也与判断好的审美对象（日落、花草以及鲸的声音等）以及不好的审美对象（肮脏的盘子以及咳嗽等）的一致的标准并不矛盾。

杜威在阐述他的观点时，很谨慎地将重心放在普通大众的经验上。他并未贸然界定哪些经验是审美经验，哪些不是；相反，他将决定权交给了普通大众。杜威的兴趣在于日常经验，如果他发现了表现审美性质的日常经验的特征，那么他就可以从经验描述的角度，建构一种审美经验的基础特征的理论。在这一点上，杜威的理论和桑塔亚那的理论有相似之处。在桑塔亚那看来，当以人们的日常经验为出发点时，重点是要保持对审美对象的兴趣。杜威则反过来指出，普通大众对对象的极大的兴趣就会产生审美经验，对对象的兴趣和注意就是导致审美经验产生的那些特性。这种经验就是审美经验，因为它如此生动地吸引了大众的注意力和兴趣，使他们陶醉于这种经验之中。

必须承认，康德心中的无旨趣和杜威反对的无旨趣并不完全一样。康德强调个体必须保持无旨趣的态度但仍需对对象保持关注和认同。这种关注和认同的观点可能与杜威的主张更为吻合。但不管怎样，杜威致力于研究普通大众的经验，他研究的审美经验在情感和心理状态的范围上要比无旨趣的方法广泛得多。这使得杜威的研究——或者说自然主义美学家的研究——找到了普通大众审美经验的特点，就是说，找到了普通大众审美经验的类型。

因此，一个对象要成为具有审美价值的对象，则该对象（1）要能够在经验的统一性的基础上，使观者产生整一的经验，且（2）要能够在有规则和有条理的基础上做到上一点。

杜威目前还未受到像历史上其他有影响的美学家一样受到的那种拷问。不过，有一个问题就是，有些事情具有高度的统一性，但和审美并不沾边，这就让人对杜威的理论产生了怀疑。这种批评就是说，在欣赏某些特定的、没有体现统一性的艺术作品的经验中，似乎可以找到杜威那种分析的反例。

对杜威理论的另外一个批评就是,在日常生活中,有时候我们的确感受到了统一性,但那在性质上肯定和审美无关。譬如,以乘坐非常拥挤的地铁的那种不爽的经验来说,这种经验就具有高度的统一性,但通常我们无论如何也不会把这种经验与审美联系起来。

杜威认为美学是一个相当宽泛的领域,多数其他美学家则不这样认为。杜威淡化了传统观点对审美经验和非审美经验的武断的划分。为了消除两者的界限,杜威添加了许多其他美学家并不认同的因素。不过,这并不是对杜威的理论吹毛求疵,事实上,要追求更具审美意味的生活,我们应该感谢杜威和他的理论才是。

8.4.3 对自然主义的思考

心理学与美学有多大关系? 一般来说,哲学中运用心理学存在三个大的问题。首先,有些哲学问题似乎对心理学研究来说太大了。有些问题范围太广,超出了心理学能够回答的范畴,让心理学来回答这些问题就会是一个错误。"艺术是什么?"这个问题就不适合心理学来回答。心理学不要自以为能够回答这种问题。当然,也有大量的哲学问题心理学可以进行研究,或者说至少可以作某些说明解释。我们已知桑塔亚那、杜威运用了心理学来阐述他们的观点,比尔兹利的理论中也有少许心理学的观点。

第二个问题就是通常所说的"自然主义谬误",有人将其界定为从实然推定应然,从描述性推定规定性。也就是说,价值本质的问题由事实的问题来决定。虽然有些自然主义者并未从心理学的角度去研究什么才应当有价值的问题,但却去研究什么被视为有价值的问题。心理学虽然可以对审美经验进行评测,但并不回答诸如审美经验是有价值的这样的问题。心理学要做的无非就是在哲学任务完成之后,提供探索问题的一种方法而已。如果我们可以接受运用心理学的这种模式,那我们就不需要再担心什么所谓的自然主义谬误了。

美学中运用心理学的第三个问题就再明显不过了:如果人们不能够辨识哪些经验是审美经验,科学也不会告诉人们审美经验是什么。所有心理科学研究的工作原理都是这样。要研究个体或个体的行为,

127

必须首先对其进行界定,然后再构建理论性的东西。因此结论就是,一旦完成了对最初的美学问题的哲学分析,就可以借用心理学来解决审美问题了。

　·　这种争议还在继续。不过,美学中的多数有争议的问题都是悬而未决的,因为有争议就彻底否定某一理论还为时尚早。美学的自然主义还未像其他传统倾向一样已经接受了彻底的检验。如果以上列出的几点说明了自然主义为什么要接受检验,那这对打破它的某些神话还是有好处的。

第9章　评论艺术和艺术批判

　　假设你和你的朋友决定去看一场电影。你拿来一张报纸来看看有什么电影上映。你和你的朋友一人看一半报纸的电影版,然后轮流推荐可看的电影。但是你每推荐一部电影,你的朋友就回答说评论家对这部电影的评价极差,你则回答道按照你的经验,评论家的评论往往很不靠谱。那么,该由哪些人来告诉你应该看什么和不应该看什么电影呢?

　　在某种程度上,这正是我们在此要讨论的问题。尽管我们往往不喜欢评论家,这些人总是与我们"粗浅的"观点相左,不过我们还是要阅读或听听他们的观点,这是为什么,难道电影评论家有什么普通电影观众不具备的特别才能吗?

　　批判是有素养的观视的正式的方法。事实上,从广泛的意义说,批判就等同于有素养的观视。当前我们的任务就是搞清楚"批判"是什么意思。许多人认为批判就是贬低一个对象。如果有人批判他的丈母娘的厨艺,这批判的意思就是她的厨艺在可食用性上评价很低,就是说她做的菜不好吃。"批判"的确通常都是这种用法。在谈到审美对象时,采用这个词的这种用法也是非常恰当的。不过,"批判"的意思不止如此。

　　"批判"这个词用于美学绝非仅指贬低价值的意思。当我们在电视上看电影评论家如罗格·伊伯特(Roger Ebert)①的节目时——这是

---

　　① 罗杰·伊伯特,美国电影评论家、历史学家、记者、剧作家及作家,第一位获得普利策奖的电影评论人。——译者注

大众艺术批判的一个恰当的例子——我们不仅对他要痛斥的电影充满期待,同时也希望他对另外的电影有所好评。贬低作品总是和夸赞作品相辅相成的。因此艺术批判不必只是负面的,这就像批判性思维不必只是描述消极的活动一样。

批判性思维——或者叫批判性推理——与艺术批判有许多共同之处。无论是批判性思维还是艺术批判,我们的目的都是要证明我们的观点。我们感兴趣的是要在建立自己的观点或为自己的观念辩护时不要犯逻辑错误,同时为自己的观点提供证据,以便使对手完全确信我们的观点是正确的。艺术批判具有的评价的特性恰好做的就是这些。艺术批判注重证明一件艺术作品是美、具有审美价值、丑,还是审美水平很糟糕。我们引用证据——通常表现为关注被思考的审美对象的各个方面——来证明我们的观点的合理性。此外,引用证据是要明确地表明,把这些观点介绍给看到证据的人。

9.1 批判性评论

理想的批判性艺术评论有四个组成要素:(1)描述,(2)信息,(3)阐释,(4)评价。

当然,不是每个批判性的艺术评论都会包括这四个要素,不过长一点的评论——譬如在《纽约客》(New Yorker)这种杂志上的评论——就会涉及这四个要素。书籍中的艺术评论往往更侧重信息和阐释,报纸上的艺术评论则趋向于只作描述和评价。但一般认为,理想的批判性的艺术评论都具备所有这四个要素。

任何理想的批判性评论的第一步是描述。描述一个审美对象(或事件)或许是审美评价最基本的形式。当我们描述一个对象时,其实是在找到这个对象的特点,任何人,只要感官正常且对这个对象足够关注,都可以发现该对象的这些特点。描述指的是对我们看到的物质存在做纯粹客观的陈述,因此要尽可能将评论或评价排除在描述之外。如果我们在描述中塞入评论加以修饰,那么就会使描述中用于证明我们观点的努力付之一炬。如果有两个人面对一个对象时对其审美价值有不同的看法,他们对该对象呈现出的客观事实又不能达成一致,那就是说他们都无法找到这个对象的客观、基础属性来证明这个对象具有某些(中间层面或更高层面的)审美特点。因此,重要的是要尽量做到描述时不要掺杂价值判断。艺术评论家如果喜欢在描述中加入个人的价值评价,就会使自己的评论的价值和效力大打折扣。

那么,果真描述中纯粹就没有价值判断了吗? 那不一定。从根本上讲,对评论家而言,选择描述某些特点且不描述另外的特点与其评价的决策有关。决定哪些要素对观众来说很重要,这个过程本身就是一种判断。如果一位评论家谈到圣母玛利亚雕像外衣飘垂的特点,她其实是想要突出这点对这座雕像的重要性。还有,如果我们认为描述可以提及中间层面的审美属性(在第 1 章讨论过这一点),并且进一步认为这些属性只能通过评论家的趣味和审美敏感性才能辨别的话,那么很明显这种描述就不会与价值判断无关。描述被认为应当把价值判断排除在外,然而描述却可以和评价联系起来。但要点是,描述或许和价值判断有那么一点关系,却是批判性评论中最没有"批判的"意味的环节。根本上,个体在密切关注一个对象时对感知这个对象的描述应该是无价值判断的描述。

最后还有一点:描述不是阐释。阐释涉及的是意义、意图、表现及类似的东西,描述则只是或者主要涉及感觉的具体体现。人们在描述《圣母怜子像》这座雕像时可能这样说,这是一个设计成很大的金字塔似的三角形的巨型大理石构造,塑造了(至少从大理石的正面来看是这样)一个年轻的女性,穿着厚实飘垂的衣服,抱着一个衣着简陋的瘦弱的年轻男子死后软绵绵的身体的形象。如果再进一步的话,人们可能认为年轻的女性是圣母玛利亚(可能比在耶稣受难时更年轻),年轻的男子则是在十字架上被钉死后的耶稣。两者之一或者两者都是对这座雕像的描述。通过对雕像的描述,人们就能掌握更多、更丰富的细节或者更全面地了解雕像。

理想的批判性艺术评论的第二个部分是信息。在这一判断环节中,评论家给观者提供信息,这些信息帮助观者更好地把对象理解为审美对象。这些信息的最终目的是要促进对艺术对象的欣赏或丰富对艺术对象的经验。评论家可能提供的信息包括以下几个方面:

（A）作品因何而创作？创作者是谁,背景怎样？

（B）作品创作的时代背景如何？创作时间及创作地点？

（C）作品创作的文化背景如何？作品是在什么样的社会背景下创作的？作品创作的那个时间和地点奉行什么样的宗教、道德和社会价值观？

（D）作品属于什么流派？它与同流派的其他作品有什么关系/不同？本流派有什么特点？

（E）作品的发展历程如何？作品创作之初是否就引起了评论？谁对它做过评论？作品是如何被博物馆/美术馆/个人收藏的？

（F）（对自然对象来说……）该对象是如何产生的？谁发现了这个对象,或者,谁把这个自然对象当作艺术来看待？

以上这些只是评论家在提供一个审美对象的信息时可能会涉及的一些问题。毫无疑问,与评论这一对象有关的其他问题还有很多。

理想的批判性艺术评论的第三个部分是阐释。对艺术作品的意义的阐释和探讨是评论艺术对象的重要组成部分。我们已在第6章详细讨论过阐释,在此不再赘述。

9.2 评价

评价是理想的批判性艺术评论的第四个部分,它或许是艺术批判中最重要的部分。这部分在评论中所占的比例比其他三部分都要多。前面我们回顾了什么使事物成为美或具有审美价值的几种观点,以及（或者）什么使我们知道某物为美或具有审美价值的几种观点。就批判而言,以下这些评价最为有用。

Ⅰ.亚里士多德:一个对象要有价值则该对象要（1）很好地体现了所指的那类事物的事例。

不过,一个对象要为美或具有审美价值,则该对象要（1）有秩序,（2）对称,（3）明晰,且（4）很好地满足上述三个标准。

Ⅱ.夏夫兹伯里:一个对象要为美则该对象要（1）处于无旨趣态度的观视之下,并且（2）体现了美的本质,即具有多样统一的形式品质。

Ⅲ. 哈奇森：一个对象要为美则该对象要（1）处于无旨趣态度的观视之下，并且（2）具有杂多统一的形式品质。

Ⅳ. 比尔兹利：一个对象要具有审美价值则该对象要（1）具有统一，并且（或者）强烈，并且（或者）复杂的特点，且（2）使专注的感知者体验到愉悦的经验，这种经验具有统一，并且（或者）强烈，并且（或者）复杂的特点。

Ⅴ. 杜威：一个对象要成为具有审美价值的对象则该对象要（1）能够在经验的统一性的基础上，使观者产生整一的经验，且（2）能够在有规则和有条理的基础上做到上一点。

Ⅵ. 休谟（真正的评判家）：一个对象成为美的且／或者具有审美价值的对象则该对象要（1）唤起有恰当倾向的、称职的批评家的审美情绪，即唤起真正的评判家的审美情绪。

Ⅶ. 康德（普遍性）：一个对象要成为美的或者具有审美价值的对象则该对象要（1）被无旨趣地看待，（2）在想象和理解之间的自由游戏中被看待，（3）不作任何范畴的划分，（4）在样式上被视作有目的性，但在现实中并无真正的目的性，且（5）如果被以上述方式对待则会促使作出有利的判断，这一判断预期会得到所有其他采用恰当方式的评判家认可，这些评判家具有相同的审美判断的认知结构。

亚里士多德提出"价值"这个用语意义非凡，批评家或有素养的观者在评论时可以以此为据。假设萨姆想要评价一出芭蕾舞，他可以首先把这种舞蹈当作芭蕾舞来看待，就是说，他要考虑这种舞蹈是否很好地体现了芭蕾舞的事例，这种舞蹈的动作是否符合芭蕾舞动作的标准？如果芭蕾舞演员做了一个"普利耶"①动作，这是不是一个好的普利耶动作——就是说，像普利耶所要求的动作一样，是不是符合普利耶动作的各项标准，有效、流畅、柔和地完成了这个动作？

当然，这种评判得依据一定标准才行。许多时候确实也有可资借鉴的标准，不过有人兴许会这样问："好吧，我知道这是一出很棒的芭蕾舞，但是它是美的或好的艺术吗？"如果萨姆是一个评论家，他可能

---

① 普利耶（plié）是一种芭蕾舞动作，指膝关节持续柔和向外弯曲，同时上身挺直的一个动作。——译者注

会对亚里士多德给出的回答感到更为不爽,就是说,虽然他可能同意那一出芭蕾舞表演高度有序,匀称且明确,但他仍可能认为这一表演并不是特别好,或者反之亦然。夏夫兹伯里和哈奇森对标准的精确解释同样会有这样的问题:萨姆也许认为那种表演达到了标准但并不认为表演很美或很好,或者他也许认为表演很美或很好但并不认为它达到了这样或那样的标准。不过,亚里士多德对价值的功能解释,也就是根据一定的标准来衡量价值的解释,仍然是评论家或有素养的观者的最佳工具。

比尔兹利也提出一种公式标准,但他的标准要比夏夫兹伯里和哈奇森的更为有效。这有几点理由。首先,比尔兹利并不寻求用一种特性来界定美或价值。相反,他采用的是统一、强烈和复杂这样的类别标准。通过对作品类别标准的思考,我们就能把握作品的美或价值。不是每件高度体现了统一性、强烈性和复杂的作品都会是美的或好的。但是比尔兹利认为,所有好的作品至少在其中一个标准上表现突出。比尔兹利特别关注的一个因素是观者的经验。他并未直接强调对象本身唯一的作用,而是力图将艺术的价值建立在观者的经验之上。前面已经讲到,经验与注意的对象有密切的关系,不过这并不能否定比尔兹利观点的重要性。比尔兹利认为,具有审美价值的东西之所以在某个阶段,或在某种程度上有价值,是因为观者的经验。比尔兹利的评价体系部分源自约翰·杜威的评价体系。回想一下,杜威说,重要的是个体的经验。如果经验高度体现了统一性,那么那种经验就是审美经验。似乎这样一来,统一性越高,审美经验就越好。

引述自身的经验对评论家或有素养的观者来说是另外一个好办法。如果允许他们在写评论时加入他们的感受或感触,他们就能够更有底气、更准确地告知读者那一出舞蹈作品的价值。如果他们被局限在只能讨论作品的属性上,这就意味着他们只能说这种普利耶或那种普利耶是好的,那么他们对这一作品的推荐就不那么令人信服。

9.3 情感主义

情感主义提出了一个重要的论点。有些哲学家认为,对艺术作品的评判与作品是否真的为美或真的具有审美价值并没有真正的关系。一些人认为,对作品的评判只是评判者自己情感的表现。他们说,人们在进行审美判断时,只是在表达他们看到或听到作品时感受到的情感而已。"莫奈的《睡莲》是一件美且具有审美价值的艺术作品"这种判断这些哲学家翻译过来就成了"睡莲,耶!睡莲,哇!"

这就是情感主义。情感主义者认为当我们表达对好和坏、美和丑的判断时,我们只是在表现情感,就是说,表现我们对想要评价的作品感受到的情感。情感主义者说,我们对作品的评判与认知因素无关,我们只是在表达对作品的情绪而已。

要注意,情感主义既不是讨论审美属性存在的理论,也不是对审美观点的纠正。情感主义是关于审美用语意义的理论。情感主义者认为,审美判断除了情感表现之外别无他义。

情感主义的这种观点存在问题。最核心的问题是这种观点使批判家的作用——或者甚至是有素养的观者的作用——与他们在非情感主义(或许是现实的)的情况下的作用相比就大打折扣了。如果批判家只是在表现他们关注对象的感受,那么人们还有必要聆听他们的观点吗?为什么不直截了当地去看那个对象,然后感受一下,就此了事?也许有人会回答说,我们是把批判家当作某种侦察员来看待的。批判家四处侦察艺术展览和艺术表演,然后给我们反馈他们的情绪反应,这样我们就能对是否要花时间去看展览或表演作出更明智的决定。或者,也许批评家的作用就应当只和一般评论家的作用一样,批评家提供大量的信息,或许也提供他们的情绪反应,仅此而已。但归根结底,这种观点大大降低了批判家的作用。

9.4 休谟的评价方法

大卫·休谟试图回答这个问题。休谟认为,某些形式或品质旨在使观者感到愉悦,另外的形式和品质事实上却使观者感到不快。此外,这些形式和品质具有客观性,它们是对象的组成部分,与个体观者的情感状态完全是两码事。如果休谟是对的,那么情感主义就没有把握住我们所说的事物为美的真正要领;如果休谟是对的,那么我们的审美判断就是正误的问题。实际上,许多东西确实几乎普遍被认为是美的。当有人看到佛罗里达海湾那五彩斑斓、浓墨重彩的落日时,她可能十分期待每个看到这种日落的人都会像她一样急迫地称赞它的美。按照休谟的说法,这是因为那种落日的特性事实上是美的。

因此,如果有人反对情感主义是因为情感主义无法解释人们对落日那样的对象具有极其相似的趣味,那么情感主义者的观点似乎就不如它原来宣称的那样站得住脚了。情感主义者根本就不能解释判断之间为什么具有共同性。对情感主义者来说,相似的判断只是巧合。而且,情感主义者认为,甚至我们发现自己的判断具有一致性也是一件巧合的事情,这就相当令人费解了。人们能够预测一个亲密朋友的艺术趣味,通常这种预测是准确的。确实,个体具有一种好恶的模式且这种模式都相当稳定。模式的形成是由于个体的审美判断具有一致性。还有,如果在某一种情况下预测不准确,我们可以从对象的属性来看,是不是个体没有认识到这一事例并非真正是模式的一部分,或者是不是个体漏掉了什么且要修正自己原来的判断。但情感主义者就不能作这样的解释。他们认为这只是一种巧合。

从休谟论的观点来看,也许现在要回答的问题是人们的审美判断怎么会那么不一样。毕竟,大量不一致的判断显然支持了情感主义者的观点。休谟认为,如果存在客观上使人愉悦的某些形式和品质,那么这些形式和品质一定是美和审美价值的某些原则的体现。夏夫兹伯里和哈奇森就是遵循的这种思路。遗憾的是,他们主张的原则过于苛刻。但过于宽泛的原则同样也会没有意义。

休谟试图从评判家或评价者本身的角度出发来解决这一问题。休谟猜想,判断的不一致,问题不在对象,而在评判家身上。并非是不同的人在看对象,对象就因此发生了变化。变化一定是出自个体间的差异。如果个体对艺术不敏感,不了解艺术,对艺术作品心不在焉,或者在艺术作品面前表现幼稚,那就有理由相信他们作出的判断可能是有瑕疵的。休谟认为,需要确定如何使人成为一个好的评判家。好的评判家要能够确认是否一个对象具有确实使人愉悦的美或具有审美价值的形式和品质。休谟认为理想的批判家,也就是他所说的真正的评判家,具有如下特点:

（A）心情平静（这一点比其他五点都更早提及）。

（B）口味敏感。

（C）受过好的训练。

（D）精于事物间的比较。

（E）无偏见。

（F）好的辨别力（或感知能力强）。

如前述，真正的评判家的说法并非无懈可击。有可能找到这种真正的评判家吗？我们列出的真正的评判家具有的特点是不是就是我们自己的价值观、兴趣和偏见的体现呢？如果有两个真正的评判家对同一件作品有截然不同的观点，那又说明什么问题呢？休谟的理论可能是有些瑕疵，不过对批判家来说确实具有指导意义。我们可能同意，一个好的批判家或多或少地具有休谟论的真正评判家的特点。一个好的批判家感觉敏感、心无旁骛、精于批判，且对所批判的事物不偏不倚、辨别力强。

9.5 康德的评价方法

康德延续了对夏夫兹伯里、哈奇森和休谟的理论的研究。如何解释判断既相似又不同呢？康德认为，要从两个方面来理解才能把握这个问题的要点：

（1）每个人都有相似的"常理"及相似的认识世界的认知结构。人是具有相似机能的物种，因此人们进行判断的机制是相似的。

（2）人们的判断不是和情绪或情感有关。审美判断在某种程度上也是认知判断。审美判断涉及康德称之为的理解和想象之间的自由游戏。

不过，审美判断显然和好恶有关，因此审美判断不可能完全客观。因为人们的好恶一定不尽相同，好恶就会影响到个体审美判断的客观性。康德认为，要解决这个问题，就是要保持恰当的倾向来成为一个好的评判家，而要做到这一点，就必须无旨趣地进行评价。由于有了评判者一样的无旨趣态度，以及人们认识世界的机能具有相似性，人们就都会作出相似的判断。（人们会作出相似判断这种观点最大的问

137

题是它会受到经验的质疑。如果有两个评判家,同样专注且无旨趣,是不是他们总会作出相似的判断呢?)

即便不需要深入分析也能看出康德的方法对批判家或有素养的观者非常有用。虽然对于每个批判家的每个评价过程而言,采用康德的方法不一定就正确,但康德确实使我们认识到了无旨趣的重要性。他以直接明了的论述阐明判断的无偏向的必要性,这一点对好的批判家来说无疑是非常重要的。

9.6　对艺术批判的思考

也许有充分的理由相信批判家对对象作出的判断不是凭空想象的判断,"不是凭空想象"的意思是说批判家的判断有恰当的倾向和表述,要么为真,要么为假。这就是"审美现实主义"讨论的主题,反对这种观点的文献很多,支持这种观点的文献也不在少数。审美判断有可能建立在客观事实的基础上吗? 这不是对美学历史进行回顾就能够解决的问题,但对认真深入地理解美学却非常重要;并且,搞清楚艺术批判家的判断是否值得倾听同样非常重要。

如果艺术批判家给读者呈现的信息是有价值的,那么她所呈现的信息可能会丰富读者的审美经验或对艺术对象的经验。通过呈现纯粹描述的、情景的、阐释的和评价的信息,批判家给有素养的观者提供了一种可以激发和丰富他们审美经验的方法。因此,批判家的作用是给读者提供有关艺术作品的恰当的信息。综上所述,成为一个优秀的批判家需要具备许多特点。如前述,一个优秀的批判家具有如下特点:

（1）批判家应当了解他批判的各种艺术流派,这样他才能够根据那些流派的标准来进行比较(亚里士多德,休谟)。

（2）批判家应当保持客观、中立和无旨趣的立场(夏夫兹伯里,哈奇森,休谟,康德)。

（3）批判家对艺术作品的欣赏/经验应当敏锐且善于自省(休谟,康德)。批判家的反应提供了(i)他对作品判断的更有说服力的解释和(ii)与他的读者的反应进行比较的基础。

（4）批判家应当口味敏感（休谟）。

（5）批判家应当心情平静（休谟），能够专心致志、聚精会神。

（6）批判家应当受过好的训练（休谟）；他应当了解他的领域。

（7）批判家应当具有敏锐的辨别力（休谟）。

（8）批判家应当能够辨识他在艺术作品经验中看重的东西（杜威，比尔兹利）。批判家也许会看重秩序（亚里士多德，康德）、对称（亚里士多德）、明晰（亚里士多德，康德）、统一（杜威，比尔兹利）、强烈（比尔兹利）、复杂（比尔兹利）、多样统一（夏夫兹伯里）、杂多统一（哈奇森），或者会看重艺术作品众多的其他特性，或者会看重批判家自己有助于形成艺术作品审美价值的经验。

（9）批判家同样应当清楚那些对艺术作品价值造成损害的因素。

第（8）和第（9）点加起来的意思是说，批判家为了证明自己的判断应当给出理由。许多人会坚持认为，批判家的工作就是对他们的好恶说出种种道理，这是对批判家作用的一种普遍的认识，而要讲出道理就需要训练和练习。

这让我们回到了在审美判断的形成中情绪和认知起什么作用的讨论上。不过，（1）如果判断具有任何认知的特性，批判家就会给出理由，而且（2）审美判断的理由并不只是建立在认知的基础之上：也许不喜欢某一作品的理由是这件作品明显使批判家感到不舒服。或许我们想要的是另外的信息，但我们仍然可以把这种简单的情感描述当作批判家判断的理由——或者至少把它当作批判家判断的原因。

具有上述所有特点的批判家可能只是凤毛麟角，但是许多美学家认为批判家做出准确的审美评价离不开这些特点。对艺术来说，批判家的作用意义重大，批判家的地位不容小觑。如果批判家具有恰当的倾向且表述恰当，那么她对艺术作品的评论就值得认真聆听。

附录　西方美学史概要

Ⅰ.再现论/模仿论

A. 简介

　　（1）一个对象要成为艺术对象,则它

　　　　（a）是一件人工制品,且

　　　　（b）是对世间某些对象——可能是自然对象——的模仿。

　　（2）艺术作品模仿自然对象的相似程度是判断其好坏程度的尺
度。这一理论使模仿论或再现论不仅成为艺术作品的标
准,而且成为判断其价值的标准。

B. 柏拉图（Plato,前 428—前 347）

　　（1）一个对象要成为艺术对象,则它

　　　　（a）是一件人工制品,且

　　　　（b）是对世间某些对象的模仿。

　　　　那么,任何作品,其创作意图是为了再现世间的某物,或者
实际上给人的感受就是对世间某物的再现,就是艺术
作品。

　　（2）模仿没有好处。床的画与实在隔了三层。它是描绘一张床
（一张特定的物质的床或"偶然"的床）的画（不能用来卧）,
它所描绘的这张床又取决于"床"的理式（这才是真正的实
在）。

（3）审查艺术的理由：

  （a）艺术是对模仿的模仿。

  （b）艺术是物质的且减损了真实的美，而真实的美存在于理
   式世界之中。

  （c）因为艺术远离真理，所以人们不能通过艺术获取知识。

（4）艺术只有支持国家才有价值。艺术只应歌颂英雄和诸神的
  美德。艺术不应表现懦弱。悲剧刺激观众的情绪，因此不
  利于培养他们的品德。

C. 亚里士多德（Aristotle，前384—前322）

（1）一个对象要成为艺术对象，则它

  （a）是一件人工制品，

  （b）是对自然的共相的模仿，且

  （c）让观众（听众等）感到愉悦。

（2）模仿是动物的天性，对人来说尤其如此。艺术基于两个
  因素：

  （a）模仿是动物行为的天性的组成部分，且

  （b）对模仿的作品感到愉悦也是天性的反应。

（3）艺术家关注的是共相或原型，而非个别。艺术是模仿，但艺
  术的模仿要优于自然界的被模仿之物。艺术家在对事物的
  模仿中表现共相的因素。

（4）一个对象如果是好的，则它必须很好地体现所指的那类事
  物的事例。

（5）一个对象要为美（或具有审美价值），则该事物要

  （a）有秩序，

  （b）对称，

  （c）明晰，且

  （d）很好地满足上述三个标准。

  美是事物结构的特性。美关乎秩序和大小。美的事物体现
  了封闭性或具有明确的界线。

（6）净化就是，某些艺术对象表现且唤起了情感，通过对这些艺
  术对象的注意，来洁净或消除悲剧情感。

　　　（7）悲剧的要素是场景、唱段、语言、思想、性格和情节。悲剧应
　　　　　当描绘一个中庸的人因判断的错误而非劣行或邪恶所招致
　　　　　的不幸。

　D. 中世纪

　　（1）圣奥古斯丁（St. Augustine，354—430）

　　　　一个对象要美，则它要体现统一、数、均等、比例和秩序。统
　　　　一是最基本的概念。

　　（2）圣托马斯·阿奎那（St. Thomas Aquinas，1224—1274）

　　　　形式决定美。美包括三个因素：

　　　　（a）完整或完美，

　　　　（b）适当的比例或和谐，且

　　　　（c）明亮或鲜明（因为光是神的美和真理的象征）。

　E. 艺术再现论的问题

　　（1）不是所有的艺术都是再现的。许多艺术，尤其是 20 世纪的艺
　　　　术，却是抽象的或形式化的。同样，许多音乐也不是再现的。

　　（2）一个对象完全可以用多种方式来表现或对不同的观众来说
　　　　完全可以表现为不同的东西。再现论果真是对的话，是不
　　　　是说观众一定得用艺术家的那种方式去看那被再现的对
　　　　象？或者说，是不是一个观众一定得用与其他观众一样的
　　　　方式去看那被再现的对象？

II. 英国经验主义

　A. 简介

　　（1）英国经验主义者的主要兴趣不在于如何定义艺术，而在于
　　　　如何评价艺术和其他审美对象。人们如何分辨事物为美或
　　　　具有审美价值，趣味的功能是什么？

　B. 夏夫兹伯里勋爵（安东尼·阿什利·库珀，Authony Ashley
　　Cooper，夏夫兹伯里伯爵三世；1671—1713）

　　（1）夏夫兹伯里是柏拉图主义者。他认为美的本质存在于美的
　　　　（物质的）事物之外。美在精神世界之中。

（2）夏夫兹伯里是第一个使用"无旨趣"概念的美学家。观者要想恰当地对一个对象进行审美判断，就必须保持无旨趣的态度；观者不得对那个对象有私利的想法，特别是不得有占有那个对象的想法。

（3）我们都具有夏夫兹伯里称之为的"是非感"，也就是具有立即领略到美的心灵之眼。这种是非感在某种程度上就是趣味的功能。

（4）如果一个对象是美的，那么它必须且一定具有多样统一的品质。一个对象为美则该对象要

　　（a）处于无旨趣的态度的观视之下，且

　　（b）体现美的本质，即具有多样统一的形式品质。

C. 弗朗西斯·哈奇森（Francis Hutcheson，1694—1746）

（1）哈奇森是一个经验主义者，也是一个关系现实主义者。与夏夫兹伯里不同的是，他认为美的产生源自个体对事物品质的关注。

（2）我们所有人都具有一种"内在感官"。这是我们感知匀称、秩序和和谐的美的能力。经验表明，人们感知的好恶具有很大的一致性。哈奇森把内在感官视作趣味的功能。在哈奇森看来，虽然人们不能像指出眼睛或耳朵一样指出"趣味感官"的具体部位，但内在感官就像其他感官一样真实存在。

142

（3）我们"内在感官"的能力越强，我们"趣味的天赋"就越强。"内在感官"的能力随着练习和敏感程度的提高而提高。

（4）当我们注意到对象的杂多统一的品质时，我们的"内在感官"就被调动了起来。

（5）如同夏夫兹伯里指出的一样，人们要想作出恰当的判断，就必须保持无旨趣的态度。

（6）一个对象要美，则它要

　　（a）处于无旨趣的态度的观视之下，且

　　（b）具有杂多统一的形式品质。

D. 约瑟夫·艾迪生（Joseph Addison，1672—1719）

（1）哈奇森宣称，存在着一种解释趣味普遍性的特殊功能，艾迪

生对此作出了回应。艾迪生的趣味理论研究的问题就建立在科学和心理学研究的问题的基础之上。哈奇森的"功能"可能只是察觉、欣赏或享受美的能力。

(2) 如果对象具有三种品质，就会引起观众作出适宜的审美判断：

(a) 伟大或崇高，

(b) 独特或新颖，且/或

(c) 美。

(3) 艾迪生提出两种作出正确审美判断的检验方法：

(a) 时间的检验，及

(b) 另一种检验是，个体对正在觉察的"恰当的"品质感到愉悦。

(4) 当我们处于无旨趣的状态时，就能体会到对象的"恰当的"的品质带来的愉悦感。

E. 阿奇博尔德·艾利森（Archibald Alison, 1757—1839）

(1) 艾利森认为，想象或某些联想促成了审美经验的产生。观者为了更全面地体验到对象的本质，开动脑筋，专注于冥思，这样就能尽量充分地审美经验到对象。没有这种专注的/想象的活动，这种经验就不是审美经验而只是某种愉悦体验。

(2) 尽管艾利森使用了"联想"一词，他也强调了无旨趣对审美冥思的重要性。如果我们被个人或实用的利益所困，就会干扰到我们对所关注对象冥思的深度，也会干扰到我们对美的经验。

F. 大卫·休谟（David Hume, 1711—1776）

(1) 休谟的出发点是"de gusibus non disputandum est"的观点，即趣味或偏爱无须争论。个人的趣味有很大的差异。

(2) 休谟的趣味悖论：如果我们只是用我们希望的方式来判断——基于我们的情感和观点来判断——我们怎么会又能判定有些判断是错误的呢？

休谟说，所有情绪都是对的，因为情绪就是情绪，别无它指，无论什么时候人们意识到情绪的存在，情绪就总是真实的。

但是，所有理智上的判断则不能认为都是正确的，因为判断要以判断自身以外的东西为准，以真实的事实为准。

（3）休谟说，似乎"在种种不同且变化无常的趣味当中，存在着某些褒贬的普遍原则，仔细分析就会发现这些原则在所有心灵活动中起着作用。一些特别的形式或品质……旨在让人愉悦，另一些则让人不快"。有一些客观的品质通常使人愉悦，另一些则让人不快。

然而，"这些判断的规则并非事先就决定了。对实践科学来说，规律源自经验。但是，虽然艺术的所有基本规则唯有建立在经验和对人性普遍情感的认识的基础之上，我们也不要指望任何时候人的情绪都会符合这些规则"。

"每件艺术品也要考虑到某种目的或目标，由于艺术品或多或少地适合达到这一目的，它会被认为有那么点完美。我们要追求效果，就必须在观看艺术的时候时刻不忘这些目的；我们必须能够判断采用的方法在多大程度上与它们各自的目标相吻合。"

（4）一个对象只有在它唤起了具有恰当倾向的、称职的评论家，唤起了真正的评判家的审美情绪时才是美的。

（5）真正的评判家具有如下特点：

（a）心情平静（这一点比其他五点都更早被提及），

（b）口味敏感，

（c）受过好的训练，

（d）精于事物间的比较，及

（e）无偏见，

（f）好的辨别力（或感知能力强）。

因此，虽然趣味的原则是共通的，而且即使人们的趣味不尽完全相同，也大体差不多——但是只有少数人够格对艺术作品作出判断或够格把他们自己的情绪当作美的标准。

（6）问题

（a）休谟的观点如果正确的话，在所有的美学研究中就应当已经建立了一套用于评判审美价值的原则，即建立了一种真正的客观公式。也就是说，如果我们能在各种判断中发现类型，那么我们就应当能够确定促使我们作出这

144

些判断的客观属性。可能的答案是:存在列举所有这些客观属性的逻辑可能性,但考虑到必须要把浩如烟海的数据都进行统计,实际上要真正确定这些属性的可能性却非常小。

(b)在描述真正的评判家时,我们倾向于只加入我们自己认为有助于评判家能够正确判断的那些品质。我们倾向于按我们自己的想法来界定真正的评判家。

(c)最后,真正的评判家之间可能存在不可调和的矛盾观点,那又如何解释?设想一下,两个人都是同样够格的真正评判家且具有恰当的倾向,如果他们去评判一个对象且他们的判断各不相同,在某种程度上无法调和,这就破坏了评判家的一致性。

G. 亨利·霍姆(Henry Home,卡姆斯勋爵;1696—1782)

(1)美的艺术的基本原则必定源自人的本性。一般的规律是,情感之所以产生,是因为我们钟爱令人愉悦的事物;并且,每件真情流露的艺术品都会是相当令人愉悦的。

(2)审美属性分为两类:事物本身所具有的属性和事物与事物间的关系属性。第一类属性指宏伟、崇高、动感、力量、新颖、有趣以及美。关系属性指相似、不同、一致和多样。

H. 埃德蒙·伯克(Edmund Burke,1729—1797)

(1)他的《论崇高与美》(*On the sublime and the Beautiful*)标志着英国的审美趣味研究从古典形式主义向浪漫主义的转变。

(2)伯克所做的就是要搞清楚我们使用美(不夹杂欲望的喜爱)和崇高(没有真正危害的惊愕)的概念指的是什么属性。通过分析这些概念,他认为美就是"使全身心得以放松"的事物。伯克是最严格的实证主义者,他提出的理论可以说是一种生理美学的学说。

Ⅲ. 普遍性/康德美学

A. 简介

(1)康德美学,包括康德的许多研究,与其他人的研究不大一样。康德的思想具有革命性,他并不做"思辨的形而上学",而是试图描述我们对世界的经验并描述这种经验的结构——对所有人来说都通用的结构。

(2)亚历山大·鲍姆嘉通在1735年提出了"美学"一词,康德的研究紧随其后。鲍姆嘉通试图对艺术的形而上学作系统分析。他引入"美学"来特指经验心理学的领域,这一领域探讨感觉知识的机能。

B.伊曼纽尔·康德(Immanuel Kant,1724—1804)

(1)背景

(a)康德反对夏夫兹伯里和哈奇森把审美判断视作情感的做法,他也反对鲍姆嘉通把美当作科学的做法。休谟的趣味悖论影响了康德的思想。

(b)在《判断力批判》(*Critigue of Judgment*)一书中,康德开篇便说,自然是"合乎形式且有目的的"。自然似乎相互协作,仿佛本来就有目的似的。这并非是一个客观的原则,而是一种主观判断的准则。我们当然假定并期望自然会展现出多样统一,或者相互协作。

(2)普遍性的主张

(a)审美判断要求普遍性。当我们说某物为美时,我们十分期望每个人都会同意我们的判断。主张普遍性的基础在于当我们作出一个趣味判断时,我们感到别人应当会同意我们的这一判断。通过宣称某物为美,我们有赖于他人也会有同样的喜好判断。

(b)然而,审美判断是单称判断。这种判断只能针对美的一种特定的事例:"这朵玫瑰花很美。"我的这一判断并不适用于所有的玫瑰花。

(c)判断建立在主体间的关系之上。因为人们思考知识和使用知识的方式是相同的,因此有充分的理由认为每个主体的判断都会像其他主体一样。感官愉快与个体有关,审美愉悦尽管是主观的,但却具有普遍的基础。

（3）主体

    （a）通常,趣味指的是判断愉悦性的能力。趣味判断说明了
（对象的）表现和一种特别的无旨趣愉悦的关系。

    （b）无旨趣指的是我们对对象物理存在的无兴趣的状态。
当我们凝视一件艺术品时,这种凝视是不带任何观念的
凝视,而且单从凝视作品我们就感受到了愉悦。为了作
出趣味判断,我们不得有一丁点对事物实在用途的偏
好,而必须要彻底无视它。要有普遍性,则无旨趣是必
要的。

    （c）我们通过理解和想象的自由游戏来欣赏审美对象。自
由游戏判断是不把对象置于任何观念上的判断。审美
愉悦融合了欲望（情绪）和知识的特点。

（4）对象

    （a）就对象呈现的美无须目的而言（无目的的合目的性）,
美是一个对象的合目的的形式。我们不必带有任何目
的就能观察到形式的目的性,并且注意到对象的形式的
目的性,这就是美。

    （b）我们必须关注对象本身,且不得将其置于任何观念
之下。如果我们只是从观念的角度来判断对象,那
么我们就无视了美的存在。这就是为什么不可能有
什么规律或原则的东西来迫使人们承认某物为美的
原因。

    （c）因此,一个对象要为美或者要具有审美价值,则它要

        （ⅰ）被无旨趣地看待,

        （ⅱ）在想象和理解之间的自由游戏中被看待,

        （ⅲ）不作任何范畴的划分,

        （ⅳ）在样式上被视作有目的性,但在现实中并无真正
的目的性,且

        （ⅴ）如果被以上述方式对待则会促使作出有利的判
断,这一判断预期会得到所有其他采用恰当方式
的评判者的认可,这些评判者具有相同的审美判

断的"认知结构"。

（5）判断中的多样性

（a）判断中存在差异是会出现的,因为一个人采用的是趣味判断,另一个人采用的是"宜人"的判断（无论她只是喜欢还是不喜欢对象）,或者她是从"依存的"美来判断的。

（b）康德区别了自由的美和依存的美的差别:自由的美不考虑对象那类事物的所有事例;依存的美则是与任何被判断的那类事物的事例有关的美。自由美的判断基于形式的特征;依存美的判断则基于对象的功能。

（6）康德的"崇高"指对理性本身伟大的感受以及人的道德归宿。崇高从两个方面产生:

147

（a）当我们在自然中遭遇到无限大时,我们的想象力却无法理解这种无限大,我们开始意识到理性的伟大,这种理性观念可以达到无比大,并且

（b）当我们遭遇到巨大的力量时,我们肉体自身的无能使我们意识到我们作为道德生物的价值。

（7）问题

（a）我们可以实地研究一下,如果都按照康德所要求的条件去做,是不是我们都会真正作出一样的判断。问题在于康德不大可能正确。即使我和我的朋友完全处于无旨趣（等）的状态,似乎我们仍然可能作出不同的审美判断。

（b）分析康德的"无旨趣"概念会发现另一个问题。康德的"无旨趣"的意思是说我们必须在关注对象时不去考虑它的实际存在。但是,确确实实我们对不断地接触对象是感兴趣的,这唤起我们对它"凝视—形象"的审美经验。此外,康德的无旨趣的建议似乎把我们置于一个奇怪的境地,在这种情况下我们认为对象的形象或思维—表现要比原作更有价值。

Ⅳ. 德国唯心主义

A. 弗里德里希·席勒（Friedrich Schiller，1759—1805）

(1) 席勒的兴趣在于人的审美教育。他的目的是要通过艺术来实现道德教育。审美教育是艺术和道德的综合：美是道德的象征。

(2) 席勒说，通过艺术和美，我们从感性的存在阶段升华到理性和完整的人的存在阶段。

B. 弗里德里希·谢林（Friedrich Schelling，1775—1854）

(1) 像康德一样，他认为有机组织和艺术作品十分相似，因为两者都只有以目的论的观点才能恰当地理解，也就是说，这两者都显示了部分服务于整体、整体自身体现了目的性。

(2) 在艺术中，智慧第一次成为完全自我意识。谢林企图通过艺术的观念来调和自我与自然之间的所有对立。在艺术直觉之中，自我是有意识和无意识的统一。

C. 格奥尔格·威廉·弗里德里希·黑格尔（Georg Wilhelm Friedrich Hegel，1770—1831）

(1) 艺术的目的是让人认识自己。人想要将其周围发现的材料人性化，于是艺术就产生了。通过赋予这些材料创造性的形式，这些材料变得更为亲近。此外，艺术通过外在的形式来表现理念。

(2) 黑格尔试图避免两种极端：一种极端是构想一种与实际的艺术对象没什么关系的美的哲学，一种极端则把注意力局限在艺术作品的纯粹实证研究之上。

(3) 黑格尔研究的只是艺术美，而不是自然美。"心灵的所为或创造比自然的产品和构造更能体现上帝的绝对理念。"自然美在一定程度上能够体现理念，但人的艺术体现了理念的最高境界。自然美有缺陷，因为它在感性形象的每个方面都不能代表精神存在的统一。艺术形式则无论如何具体，其形成皆因源自心灵而有所不同。

（4）美调节感性和理性。美是理念的感性显现。［"理念"是辩
证发展的结果或最高境界；"辩证发展"指的是黑格尔（为人
所知）的观点，即事物发展的过程中由"正"（一个概念）和
"反"（对立的概念）二者统一形成"合"——一个比前两者
更高一级的概念。"合"于是成为另一个"正"，如此往返
发展。］

（5）艺术史的分类

（a）在东方的象征艺术那里，媒介超于理念。这是三种类型
中最不重要的艺术类型。

（b）在古典艺术那里，理念和媒介和谐地融为一休。古典艺
术的特点是通过人体雕刻来表现神的完美的形象。这
些作品具有独立性和完整性。

（c）在浪漫艺术那里，理念超于媒介，精神化得以完成。此
时艺术最为自由，最能体现精神性。浪漫艺术通过关注
内在世界来摆脱了外部世界，因此实现了形式和内容之
间"合"的目的。

V. 社会主义的现实主义

A. 卡尔·马克思（Karl Marx, 1818—1883）

（1）艺术属于上层建筑。社会历史条件，特别是经济条件决定
艺术。

（2）美是客观的，但欣赏则是相对阶级而言的。

（3）艺术应当通过歌颂无产阶级、工人阶级和大众的价值观，歌
颂美好以及奉献来拥护国家。

VI. 浪漫主义

A. 简介

（1）浪漫主义反对启蒙运动。启蒙运动侧重行动，浪漫主义则
仍满足于情绪和艺术表现。

（2）浪漫主义者设想艺术本质上是艺术家个人情感的表现。

（3）艺术作品是一种符号，是精神意义的感性体现，这一观念被浪漫主义所接纳。

（4）从1820年到1830年，艺术家地位的提高促使了"为艺术而艺术"这一观念的产生。

B. 亚瑟·叔本华（Arthur Schopenhauer，1788—1860）

（1）叔本华是一个柏拉图主义者。他认为柏拉图的理念或理式世界是真正的实在，作品只是理式的一面镜子。正是通过艺术，我们才能够思考柏拉图的理式：艺术呈现给我们的是"世界永恒的根本的形式及所有它的现象"。

（2）"意志"是生命意志，是对生存的必需和安逸的欲求。虽然意志本身不可知，它却通过一切欲望、匮乏和痛苦表现出来。我们的一举一动都是意志的具体体现，因为我们的一举一动都指向我们的生存和满足。然而，讽刺的是，我们永远不能被满足。在物质世界里，"欲望"是常态，我们越是想摆脱欲望，我们对此就越是无能为力。苦苦挣扎却强化了意志，这预示着人生的不幸和冲突。

（3）只有两种方法可以摆脱意志。

（a）第一种方法是奉行终身的禁欲主义，全身心投入精神或冥思的世界，拒绝一切欲望的东西。

（b）第二种方法是通过艺术。美的知识的形成完全远离意志。艺术家关心的是冥思或无意志的感知。生命赋予的唯一能够减轻意志负担的慰藉就是艺术。通过艺术，我们超越了特殊，沉浸于理式。然而，艺术只是暂时的解脱方法。

（4）远离意志表现为无旨趣的观念。通过无旨趣地观视对象，我们就是在不带欲求地观视。这使得我们可以摆脱意志。

（5）叔本华把艺术分为几个等级。那些最能摆脱意志的艺术等级最高。建筑等级最低，然后是诗歌和悲剧。最高等级的是音乐，特别是诸如巴洛克式的形式音乐。与其他艺术不

同的是,音乐直接表现意志本身,而不是表现观念,观念是
通向意志的途径。

（6）艺术天才超越常人之处在于他具有从一个与众不同的角度
去观察对象的能力。天才的人有赖于想象力才能看到事物
的形式。所有人欣赏艺术时或多或少都带有点天分,但多
数人创造艺术的天分不够。

C. 弗里德里希·尼采（Friedrich Nietzsche, 1844—1900）　　150

（1）自然产生了两种能量。

　　（a）阿波罗型能量:尼采称阿波罗为一切创造的能量之神。
　　　　阿波罗代表人工性、个性化、努力、结构以及对称。

　　（b）狄俄尼索斯型能量:狄俄尼索斯与阿波罗对立,代表个
　　　　性化和结构的消亡,代表自由表达、狂欢、兴奋、自发性
　　　　及活泼。

（2）这两种能量一种指向形式,另一种指向表现,正是这两种能
量的调和标志着最优秀艺术的诞生。这种调和产生于艺术
家及其创造的过程。希腊历史中最重要的时期就强调这两
种能量的调和。

（3）通常,艺术使生命成为可能,使生活富有意义。艺术与生命
和生活是一个整体,与生命和生活息息相关。艺术冲动存
在于自然之中,人具有天生的艺术冲动。艺术不仅仅是模
仿,还是对现实的超感觉的补充。艺术要突破、有改观。因
此,尼采对艺术的定义是积极的,不是被动的或静止的,而
是功能性的定义。

（4）悲剧源自阿波罗和狄俄尼索斯这两种根本冲动的综合,狄
俄尼索斯冲动追求快乐享受生活,阿波罗冲动则要求秩序
和平衡。悲剧艺术给我们提供了一种认识现实的方法,使
我们能够顺应现实。因此,悲剧艺术可以说是狄俄尼索斯
的阿波罗化的体现。悲剧的存在不是宣扬消沉和生命中的
消极因素,而是通过在痛苦中肯定生命来表现艺术家的"权
力意志"。

（5）像叔本华一样,尼采也采用了意志的概念,但与叔本华不同

的是,尼采所说的意志不是一种消极、悲观的力量。尼采的意志是充满生命力、创造力和力量的意志。

D. 浪漫主义的问题

(1)如果艺术本质上是情感的生动表现,那是不是所有生动表现的情感都是艺术?站在木条箱上大声嚷嚷的演讲也是艺术吗(这可是一种生动的情感表现)?

(2)如果艺术本质上是情感的生动表现,这是不是说所有艺术都必须表现生动的情感呢?那形式化的艺术又算不算艺术呢?

Ⅶ. 表现主义

A. 简介

(1)18 世纪和 19 世纪的浪漫主义把情感表现提到了很高的位置。华兹华斯说,所有优秀的诗歌都是强烈的情感的自然流露。

(2)表现主义试图搞清楚艺术家表现的性质。简单地说,就是情感的自然流露是不够的。

151 B. 列夫·托尔斯泰(Leo Tolstoy,1855—1936)

(1)艺术本质上是一种交流的形式——情感的传递——且情感必须具有普遍性。

(2)要定义艺术,首先需要做的是不要把艺术当作愉悦的手段,要把艺术当作人的生活的一部分。每件艺术作品都使接受者进入某种关系之中,这种关系既是与艺术家的关系,也是与所有此前、正在或以后接受这种同样的艺术感受的人的关系。艺术活动正是基于人们能够接受另外一个人的情感表现且自己能够体验到那些情感之上的。

(3)为了唤起体验过的情感,并且在情感已经被唤起的情况下,就需要在词语中,以表现动作、线条、颜色、声音或形式的方式,来传递这种情感,这样其他人就会产生同样的感受——这就是艺术活动。艺术就是这样的一种人类活动:一个人通过某些外在的符号,有意识地把自己经受过的情感传递给其他人，其他人则受到这些情感的感染，也感受到这些情感。

（4）"衡量优秀的艺术的唯一标准就是看它有多大的感染力。"旨在交流的情感必须因人而异，必须明白无误，必须如艺术家亲自感受到的一样真挚（真挚最为重要）。

（5）优秀的艺术家要表现生活的意义，表现社会的宗教意识。

（6）一个对象要成为艺术作品，则它要

　　（a）具有"有感染力"的形式，这种形式是发自肺腑感受到的普遍情感的交流形式。

　　（b）唤起观众发自内心的情感，且

　　（c）符合作品创作的宗教环境。

（7）问题

　　（a）许多艺术，尤其是近年来的艺术，挑战宗教氛围，而非维护宗教氛围，倒是一种常见的做法。

　　（b）托尔斯泰的第二个问题是真正情感的感染力问题。虽然表现主义传统的标准做法是要传达情感，但是要求艺术家或其作品通过表现真正体验到的情感来打动观众，这种规定是不是要求太高了呢？

C. 贝内代托·克罗齐（Benedetto Croce，1866—1952）

（1）审美经验是认识经验的原始形态。克罗齐反对浪漫主义。他并不把直觉理解为情感。"情感"太过模糊。

（2）美学是意象或直觉知识的科学。意识的低级层次是粗糙的感觉印象，经澄清之后就成了直觉。直觉不是本能的认识或对不言自明的真理的掌握，而是形象的内在视觉，是通过对个别的具体事物想象而形成的直接知识。

（3）表现直觉就是创造艺术。不成功的表现并非是完全形成的直觉没有得到彻底表现，而是一种表现没有被彻底直觉化。

（4）艺术作品并不存在于客观的外部世界之中。艺术作品存在于艺术家的表现之中，存在于艺术家的意愿之中。直觉和表现是相同的。表现不同于交流或外在物理的东西的具体化。艺术作品不是物理的东西，而是精神的再创造。物理

152

的艺术品只是传递表现的载体。

（5）纯粹的模仿虽然值得尊重，但不是艺术。艺术家如果不思考、不起意志、不起作用，就不会感受和创造。所有艺术的基础是人格。

D. R. G. 柯林伍德（R. G. Collingwood，1889—1943）

（1）柯林伍德确定了（ⅰ）艺术与创造事物有关，且（ⅱ）艺术与情感唤起有关，但他紧接着说，艺术不等于情感唤起。

（2）他同意克罗齐的观点，即艺术家仅仅表现情感是不成熟的说法。这种观点似乎假定，艺术家有一些自己也说不清楚的情感，通过艺术作品创作的表现，艺术家要么发现了这种情感，要么清除了这种情感。

（3）柯林伍德认为，情感表现就是要有明确的因素，一些必要的因素包括：

（a）情感并不是简单、顺便地向观众一笔带过，而是要费心地向他们展示，

（b）情感表现要个别化，是当下情感的表现，而不是一类情感的表现，例如愉快或悲伤，且

（c）表现不只是为了唤起情感，艺术的情感表现不是情感的操纵。艺术家对观众必须绝对坦诚。艺术家不可以表现狂怒，大声嚷嚷，不得向观众说教，而必须润物细无声地传达某种具体而独特的情感。

（4）美的最高境界在崇高和喜剧这两极之间。真正的美既非完全客观，也非完全主观，无论怎样，都不能把作品排除在外。真正的美是心灵与对象紧密联系的一种经验。

E. 表现主义的问题

（1）对表现主义来说，观众应当对艺术家的意图进行再创造，但是再创造艺术家创作时的感受和想法确有可能吗？我们怎么知道我们的再创造是准确无误的呢？

153

（2）有一种情况是艺术家确实不知道自己想要表现什么，这又作何解释？如果艺术家的表现源自其潜意识，又作何解释？如果艺术家表现的是连艺术家自己都没有意识到的文化反

应,又该如何解释呢?

Ⅷ. 美国自然主义

A. 简介

(1)"自然主义"并不是指那种认为自然最美的美的理论。也许对自然主义这一概念最简单的解释就是,自然主义旨在从唯物论者或从科学的角度来解释世界。

(2)在探讨美学问题时,自然主义者非常关注心理学(以及其他科学)的实证研究。

B. 乔治·桑塔亚那(George Santayana,1863—1952)

(1)桑塔亚那的方法是心理学的方法,不是历史或说教的方法。美学研究价值的感知,价值的感知取决于情感意识(欣赏、嗜好以及偏爱)。

(2)愉悦是美的感知的本质。美学的愉悦离不开兴趣。

(3)美总是有赖于人的情感和兴趣。美是一种主观现象,是愉悦的客体化。我们认为美在对象,其实它不在对象,而在我们。美是客体化的愉悦。

(4)形式的美起源于对统一整体中可辨识部分的有意识地综合。

(5)审美判断存在很大的分歧,相似的判断的原因是有相似的成长和社会环境。一个人说某样东西是美的,另一个人也应当认为是美的,这种说法毫无意义。美的普遍性的观点错就错在认为美是一种客观的属性。

(6)问题。

(a)桑塔亚那的理论是高度的主观主义理论。这种理论无法判定两种不同的判断哪一个是正确的(假设这两种判断不会都错)。

(b)另一个问题是,似乎有很多东西都让人相当愉悦,但它们似乎审美特点并不突出。

C. 约翰·杜威(John Dewey,1859—1952)

（1）杜威研究的不是审美对象，而是审美经验。

（2）杜威在使用"经验"这个词语时所指有两层意思：

（a）第一层意思指的是个体和其周遭世界的交互关系。

（b）第二层意思指的是第一层意思的一种特别类型。杜威
把这种特别类型称为"整一经验"，整一经验就是主要
体现了统一性和完整性的任何经验。

（3）任何经验，不管是整一经验还是一般的经验，在某种程度上
都具有审美性，尤其是从其具有的统一性的程度上来说更
是如此。但不是每种经验和其他经验的审美程度都一样，
甚至也不是每种统一的经验和其他统一的经验的审美程度
都一样。因为不同的经验，其统一的程度也不同。

（4）真正具有审美性质的经验就是杜威所分类的整一经验。能
最大限度地体现统一性的经验才是真正的审美经验。当某
一过程就其自身来说是完满的且具有单一的特征，这一过
程就可以称之为整一经验。

（5）某些形而上学的体系无法判断经验是否是整一经验，这种
判断完全取决于个体感知者所感知到的经验。

（6）最经久不衰的审美对象，就是那些带来最丰富审美体验的
对象，或是常常形成整一经验的对象。

（7）当以人们的日常经验为出发点时，重点是要保持审美对
象的兴趣。杜威则反过来指出，普通大众对对象的极大兴
趣就会产生审美经验，对对象的兴趣和注意就是导致审美
经验产生的那些特性。

（8）杜威认为，美学是一个相当宽泛的领域，多数其他美学家则
不这样认为。杜威淡化了传统观点对审美经验和非审美经
验的武断的划分。

IX. 形式主义

A. 简介

（1）作为一种批评理论，形式主义是近期才出现的一种观点，这

种观点因新批评派而著名。与以前的艺术理论不同的是，形式主义对"艺术家意图"的问题作了认真的思考。形式主义者试图在研究审美对象时，划清与原先的理论的界线，并撇开他们认为与审美对象无关的其他关系。

（2）形式主义感兴趣的是客观属性，特别是审美对象的内在形式关系。

B. 乔治·爱德华·摩尔（George Edward Moore 1873—1958）

（1）审美愉悦和个人情感包含了所有最大的价值，包含了到目前为止我们能够想象到的最大的价值。

（2）客观的美存在于体现有机统一或整体性的对象之中。各部分都有某种价值，但当各部分融合在一起时，整体的价值就大于各部分价值之和。

（3）成功体现一致性是评价作品是否是艺术的标准。

C. 克里夫·贝尔（Clive Bell，1881—1964）

（1）任何美学体系的起点都必须是个人独特的（审美）情感体验——艺术作品引起这种情感。所有艺术对象具有某种独特的共同品质，这些对象引起了情感，这就是美学探讨的中心问题。

（2）线条、颜色、某些形式以及形式的关系，这些因素之间的关系及结合引起了我们的审美情感。这些审美地打动人的形式就是贝尔称之为的"有意味的形式"。

（3）有意味的形式的呈现引发了我们的审美情感。在感受到审美情感之前，我们觉察到这种组合的恰当和必要。只有感受到审美情感时，有意味的形式才会呈现出来。

（4）有意味的形式不是美。美是一个更宽泛的范畴，自然对象可以是美的。有意味的形式引起的情感不同于我们看到美的东西而产生的情感。

（5）最打动人的艺术是学者们称之为的"早期艺术"。早期艺术既不制造幻象，又不过分表现技艺，而是着力表现一件必须要做的事情——形式的创作。

（6）问题。

155

(a) 这种理论似乎非常主观化。如果我在一个对象中"看到"有意味的形式而你没有看到,那么对我来说这个对象可能是艺术,但对你来说则未必。

(b) 有意味的形式的解释可能陷入循环论:只有感受到了"有意味的形式的情感"才能感知到有意味的形式,但是要感受到有意味的形式的情感又只能通过感知那些有意味的形式的作品来获得。因为有意味的形式的情感需要有意味的形式来界定,所以用有意味的形式来界定有意味的形式的情感也就毫无意义。

D. 门罗 · 比尔兹利(Monroe Beardsley,1915—1985)

(1) 比尔兹利是一个形式主义者,但他主要研究的是审美阐释及审美判断,而不是探讨对象怎样才能成为艺术作品。从探讨审美经验和审美价值来看,把比尔兹利称作一个自然主义者可能更为恰当。

(2) 意图谬误是指,在多数情况下,要对艺术作品进行阐释,我们既不需要,也不可能知道艺术家在创作时脑子里面在想些什么。正确的阐释取决于语言规则。

(3) 比尔兹利的重心不在于审美对象本身,而在于审美经验,或者感知者和对象之间的关系。审美经验就是,观者的注意力集中在事物的形式品质上,并且其心理状态表现为"一致和愉悦"。

(4) 对象依照以下的标准来进行评价:一个对象要具有审美价值,则该对象要

(a) 统一,

(b) 并且(或者)强烈,

(c) 并且(或者)复杂,且

(d) 促使留心的感知者体验到愉悦的经验,这种经验具有统一,并且(或者)强烈,并且(或者)复杂的特点。

(5) 有一个问题是,通过欣赏了解艺术作品起源的某些事实,或者这件艺术作品与其他艺术作品的关系,是否就不能丰富审美经验呢? 更遑论批判和阐释了。关于这一点还不太

清楚。

E. 形式主义的问题

（1）首先，虽然聆听对专注于音乐作品之类的艺术形式较为容易，但要把视觉艺术当作显而易见的纯粹形式化结构的表现，却不容易。

（2）仅仅关注艺术作品的形式特点的价值何在？这一点不甚明了。为什么不去关注艺术作品确实表现的事实呢？

Ⅹ. 反本质主义

A. 简介

（1）从时间上看，反本质主义的潮流早在 20 世纪晚期以前就出现了。

（2）反本质主义者认为，所有艺术作品没有可以界定的共同点，或者说所有艺术作品没有可以界定的共同本质，这样的定义一个都找不到。这一论点有两条中心线：

（a）要下一个艺术的"本质"的定义确实不可能，艺术是一个"开放的概念"或指的是与那些中心线有关的东西，或者

（b）有许多可以合理界定艺术的定义，有些艺术定义适用于有些艺术，另外的定义适用于其他的艺术，对艺术的定义贯穿了一系列的线索。

B. 路德维希·维特根斯坦（Ludwig Wittgenstein，1889—1951）

（1）首先必须明白，在反本质主义方面，维特根斯坦并没有明确讨论过艺术。不过，他的影响巨大，值得关注。

（2）维特根斯坦认为，在那些明显看似正确定义为"艺术"的不同对象身上，可以发现模式、相似性、一般性的共同特征等。问题是，当把这些模式或共同特征逐个分别用来尝试定义艺术时，总能找到这些定义的反例。

（3）维特根斯坦提出了他的"家族相似"理论。家族相似可以从多方面来解释。

（a）首先，想一想你自己的家庭。你的兄弟姐妹都和你及你

157

的父母有一些共同特征,但他们彼此之间当然不是每个细节都是相像的。而且,你的弟弟和你的父母有共同的特征,同时你也与你的父母有共同的特征,但你和你的弟弟却可能没有共同特征。但你仍然与你的弟弟有关系。

(b) 再想想"游戏"。无论我们如何努力,都不可能下一个找不到反例的游戏的定义。有些游戏讲究运气,有些则基于技巧。尽管如此,确定无疑地辨认称之为"游戏"的对象却并不是件难事。虽然我们找不到游戏的共性,但还是能够很好地使用"游戏"这一称谓。

(4) 虽然艺术作品同样被正确地标识为"艺术",但也许就像游戏一样,并无唯一的共同特征,而是共有一组特征,每个艺术作品都具有其他艺术作品的一些共同特征,但也没有另外一些艺术作品的另外一些特征。

(5) 因为这种定义包含"选言",所以这种定义就称作"选言判断"定义,指的是被连词"或者"分开的定义。一个对象满足任意一个选言条件即可被称之为"艺术"。如果对象一个选言条件都不能满足,那就不是艺术;如果对象满足一个或多个选言条件,则是艺术。

C. 莫里斯·韦兹(Morris Weitz,1916—1981)

(1) 莫里斯·韦兹也热衷于这种"选言判断"的研究。

(2) 韦兹认为他之所以要研究"选言判断",主要不是因为无论什么艺术定义都会招致大量的反例,而是因为艺术本身是一个不断发展、变化的概念。艺术会不断"进化"。艺术是一个开放的概念。韦兹并不认为用一些(有限的)选言宣称的类别或定义就能定义所有的艺术作品,他认为这一组选言本身必须"开放",它必须允许新的选言加入,如此不仅艺术的示例得以发展,定义艺术示例的类别也能得以发展和变化。

XI. 符号论

A. 简介

(1) 符号论是近年来的理论,产生于 20 世纪后半叶。

（2）这两种观点都把艺术当作一个符号或记号。问题是，当作什么样的符号？

B. 尼尔森·古德曼（Nelson Goodman，1906—1998）

（1）在古德曼看来，艺术起着符号的作用。艺术作品融入符号，我们则把这些符号视作现实里的事物的表示。艺术作品按照惯常做法，用符号来表示现实中的事物。这些符号被公认为表示了它们确要表示的事物，不是因为相似的关系，而是因为惯常做法的问题。从根本上说，古德曼的理论还可以称作一种表征论。

（2）如此，"艺术语言"的使用者明白符号表示什么，他们了解艺术所起的惯常作用，从而了解符号的意义。对我们来说，要了解艺术，要把艺术当作艺术，我们就得成为这种艺术语言的使用者，从而认识到某些符号表示某些事物。

（3）有一点很重要，虽然古德曼的理论与表征论有些关系，但他的理论实际上却不是模仿论。这是因为古德曼认为模仿算不上艺术。模仿并没有融入符号，而只是尽可能地用一种精确的方法（或者说尽艺术家能够精确的可能）去描绘现实生活中的东西。

C. 苏珊·朗格（Suzanne Langer，1895—1985）

（1）尽管朗格的分析仍然是符号论的一种观点，但她的理论明显与古德曼的理论不同。朗格的理论融合了表现主义和形式主义的观点。

（2）一个对象要成为一个艺术对象，则这个对象得成为一个符号，这个符号是艺术家力图表现的某一情感的形式化的符号。

（3）对朗格来说，艺术作品是人类情感的符号。但是，艺术作品本身并不是情感的艺术作品，而是这些情感的"形式特征"的艺术作品。艺术作品清楚、有条理地用符号来表达情感。艺术符号就是表现。

（4）朗格在她的分析中融入了形式主义，她认为，被表现的情感——以一种连贯、成熟的方式——通过艺术作品的形式来加以表现。通过艺术作品的形式,艺术家传达了她想要传达的情感。

XII. 惯例学派／艺术界理论者

A. 简介

（1）反本质主义也许可以被看作我称之为艺术界理论产生的背后动因。艺术界理论家们认为,反本质主义主张艺术不可定义是不对的。

（2）他们认为,虽然作为对象的艺术作品本身也许没有一个共同的本质特征,但所有艺术作品却有一个共同点:它们在艺术界或艺术惯例中的地位。

B. 亚瑟·丹托（Arthur Danto,1924—2013）

（1）我们必须首先找到辨别艺术的方法。丹托特别提到马塞尔·杜尚、罗伯特·劳森伯格以及安迪·沃霍尔这些艺术家的作品。艺术理论才能解释沃霍尔的盒子和超市的盒子的差别。如果没有艺术理论,没有界定艺术的理论,那么沃霍尔的盒子和超市的盒子就没有差别。沃霍尔的盒子被阐释为艺术,超市的盒子却不会,正是因为这种艺术阐释的应用才使两者有所不同。

（2）阐释能改变事物的性质,或者按丹托的话来说就是,能够将普通的东西转化为艺术。没有阐释,就没有艺术。

（3）"可改观的"或"艺术化的"阐释存在的前提是这一阐释要经过艺术界且得到艺术界的认可。艺术界是正在进行的且不断变化的、基于历史的传统,是包括艺术家、评论家、赞助商、受众、艺术史学家、美术馆负责人、制作人（导演）、艺术协会成员、美学家,可能还包括社会学家和人类学家的随着时间推移的"主体的集合"。艺术界也许可以被描述成一种传统,也就是一种不仅仅包括人和对象及其在时间变化上的惯例,还包括阐释的传统本身。

C. 乔治·迪基（George Dickie，1926—至今）

（1）艺术欣赏和非艺术欣赏的差别取决于艺术对象根植的惯例结构，而非不同类型的欣赏。当迪基把艺术界称之为惯例，他的意思是说它是已有做法意义上的惯例，而不是指已有团体或组织。我们对艺术界不可能全知。艺术界可能就是展示者和参观者。这种说法要比丹托的概念更简单，迪基的艺术惯例是当下的艺术惯例。

（2）艺术作品是向艺术界展示的人工制品。艺术作品在分类上就是

　　（a）人工制品且

　　（b）是被一些人或代表某些社会惯例（艺术惯例）的人欣赏的可能对象。

（3）问题。

　　（a）如果一个东西被欣赏就是艺术，那是不是说就没有糟糕的艺术了呢？不是，迪基只是说一个东西理应被欣赏或具有被欣赏的可能性。

　　（b）有人认为迪基的艺术家和艺术界的定义犯了循环论的错误。似乎艺术界是由它的成员（艺术家、观众、评论家等）来界定的，但是这些成员又是由他们和特定的艺术对象的关系来界定的；并且，艺术品只能由艺术界对其的认可来界定。这样看来，界定艺术就没有一个清晰的基础，界定艺术界的某一类别或子集而不需要艺术界的其他部分来说明，似乎是不大可能的。

XIII. 解构主义

A. 诸如雅克·德里达、保罗·德曼和斯坦利·费什这些解构主义者认为"这个作品是什么意思？"这种问题是一个错误的提问。首先，因为对象所表达的意思不是单一的，因此我们无法知道对象的准确意思是什么。如果我们指的是艺术家创作时的想法，那么我们就会因艺术家去世多年而陷入无法获知其创作意

图的困境。而如果我们对健在的艺术家感兴趣,我们仍然必须
应对一些可能性非常大的问题

(1)有些作品中的因素的意义,艺术家自己没有意识到;也许艺
术家在表现某些隐藏的意义,譬如弗洛伊德精神分析的意
义;也许艺术家构建的意义超出了他意识或潜意识所能表
现的范围。

(2)或许艺术家并没有有意识地要在作品中表现某些因素,但
社会或他所处的生活或工作环境在某种程度上使他接受和
表现了这些因素。也许艺术家没有意识到的有些受主观价
值影响的色彩,但阐释者(或评论家)却能察觉得到。

B. 此外,"这个作品的意思是什么?"这个问题并不恰当是因为作
品确实有许多意思。通过呈现不同的意义,符号论的传统和那
些对作品进行阐释的人的期望也就显现了出来。不同的阐释
者——其背景不同——就可以作出不同的阐释。鉴于合理的
阐释多种多样,硬要说哪种阐释最好不仅不可能,还很荒谬。
我们不把作品意义的决定权交给艺术家,这是说根本不要去管
艺术家的意图。我们也不能把理解作品的意义寄希望于仔细
审视作品。意义不是客观的,意义是主观的。肯定了主观性,
阐释作品的可能性就有了巨大的价值,并且所有这些或许都是
相对于一件艺术品而言的。

参考文献

Adams, Elizabeth. *The Aesthetic Experience.* Chicago: University of Chicago Press, 1907.

Aldrich, Virgil C. "Aesthetic Perception and Objectivity." *British Journal of Aesthetics* 18, (1978): 209-216.

Aldrich, Virgil C. "Back to Aesthetic Experience." *Journal of Aesthetics and Art Criticism* 24, (1966): 365-372.

Aldrich, Virgil C. *Philosophy of Art.* Englewood Cliffs, NJ: Prentice Hall, 1963.

Alexander, Thomas. *John Dewey's Theory of Art, Experience, and Nature.* Albany: State University of New York, 1987.

Aristotle. *The Poetics.* Indianapolis: Hackett, 1987. Richard Janko, translator.

Battin, Margaret, John Fisher, Ronald Moore, and Anita Silvers. *Puzzles about Art: An Aesthetics Casebook.* New York: St. Martin's Press, 1989.

Beardsley, Monroe C. "Aesthetic Experience Regained." *Journal of Aesthetics and Art Criticism* 28, (1969): 3-11.

Beardsley, Monroe C. *The Aesthetic Point of View.* Ithaca: Cornell University, 1982.

Beardsley, Monroe C. *Aesthetics: Problems in the Philosophy of Criticism.* Indianapolis: Hackett, 1981.

Beardsley, Monroe C. "On the Creation of Art" *Journal of Aesthetics and*

Art Criticism 23, (1965): 291-304.

Beardsley, Monroe C. "What Is an Aesthetic Quality?" *Theoria* 39, (1973): 50-70.

Beardsley, Monroe C. and William Wimsatt. "The Intentional Fallacy." *Sewanee Review* 54, (1946): 3-23.

Bell, Clive. *Art.* London: Chatto and Windus, 1914.

Blocker, H. G. "A New Look at Aesthetic Distance." *British Journal of Aesthetics* 17, (1977): 219-229.

Bullough, Edward. "'Psychical Distance' as a Factor in Art and as an Aesthetic Principle." *British Journal of Psychology* 5, (1912): 87-117.

Bullough, Edward. *Aesthetics: Lectures and Essays.* Stanford, CA: Stanford University Press, 1957.

Burke, Edmund. *Philosophical Enquiry into the Origin of our Ideas of the Sublime and Beautiful.* Oxford: Oxford University Press, 1998 (1757).

Carroll, Noel. "Clive Bell's Aesthetic Hypothesis." George Dickie, Richard Sclafani, and Robert Roblin, eds. *Aesthetics: A Critical Anthology.* 2nd ed. New York: St. Martin's Press, 1989.

Cohen, Marshall. "Appearance and the Aesthetic Attitude." *Journal of Philosophy* 56, (1959): 915-925.

Cohen, Ted. "The Possibility of Art." *Philosophical Review* 38, (1973): 69-82.

Collingwood, R. G. *The Principles of Art.* Oxford: Clarendon Press, 1938.

Croce, Benedetto. *Aesthetic.* London: Heinemann, 1921.

Danto, Arthur. "The Artworld." *Journal of Philosophy* 61, (1964): 571-584.

Danto, Arthur. "Deep Interpretation." *Journal of Philosophy* 78, (1981): 691-705.

Danto, Arthur. *The Philosophical Disenfranchisement of Art.* New York: Columbia University Press, 1986.

Danto, Arthur. *The Transfiguration of the Commonplace.* Cambridge,

MA: Harvard University Press, 1981.

Dawson, Sheila. "'Distancing' as an Aesthetic Principle." *Australasian Journal of Philosophy* 39, (1961): 155-174.

Dewey, John. *Art as Experience.* New York: Perigee, 1934.

Dewey, John. *Experience and Nature.* New York: Dover, 1958.

Dickie, George. *Art and the Aesthetic: An Institutional Analysis.* Ithaca: Cornell University Press, 1974.

Dickie, George. "Attitude and Object: Aldrich on the Aesthetic." *Journal of Aesthetics and Art Criticism* 25, (1966): 89-92.

Dickie, George. "Beardsley's Phantom Aesthetic Experience." *Journal of Philosophy* 62, (1965): 129-135.

Dickie, George. "Beardsley's Theory of Aesthetic Experience." *Journal of Aesthetic Education* 8, (1974): 13-23.

Dickie, George. "Bullough and the Concept of Psychical Distance." *Philosophy and Phenomenological Research* 22, (1961): 233-238.

Dickie, George. *Evaluating Art.* Philadelphia: Temple University, 1988.

Dickie, George. "The Myth of the Aesthetic Attitude." *American Philosophical Quarterly* 1, (1964): 56-65.

Dickie, George. "Stolnitzs' Attitude: Taste and Perception." *Journal of Aesthetics and Art Criticism* 43, (1984): 195-204.

Diffey, T. J. *Tolstoy's What Is Art?* London: Croom Helm, 1985.

Ducasse, Curt. *The Philosophy of Art.* New York: Dover, 1929.

Dutton, Dennis. *The Forger's Art.* Berkeley: University of California Press, 1983.

Eaton, Marcia. "Good and Correct Interpretations." *Journal of Aesthetics and Art Criticism* 29, (1970): 227-234.

Fenner, David. *The Aesthetic Attitude.* Atlantic Highlands, NJ: Humanities Press, 1996.

Fisher, John. "Did Plato Have a Theory of Art?" *Pacific Philosophical Quarterly* 63, (1982): 93-99.

Fry, Roger. *Vision and Design.* New York: Brentano's, 1924.

Gaut, Berys. "Interpreting the Arts: A Patchwork Theory." *Journal of Aesthetics and Art Criticism* 51(4), (1993): 597-609.

Glickman, Jack. "Creativity in the Arts." Joseph Margolis, ed. *Philosophy Looks at the Arts*. 2nd ed. Philadelphia: Temple University Press, 1978.

Goldman, Alan. *Aesthetic Value*. Boulder, CO: Westview Press, 1995.

Goldman, Alan. "On Interpreting Art and Literature." *Journal of Aesthetics and Art Criticism* 48, (1990): 205-214.

Goldman, Alan. "Properties, Aesthetic," David Cooper, ed. *A Companion to Aesthetics*. Oxford: Blackwell Publishers, 1992.

Gombiich, E. H. *Art and Illusion*. New York: Pantheon, 1960.

Goodman, Nelson. *Languages of Art*. Indianapolis: Hackett, 1976.

Hospers, John. "Implied Truths in Literature." *Journal of Aesthetics and Art Criticism* 19, (1960): 37-46.

Hospers, John. *Meaning and Truth in the Arts*. Chapel Hill: University of North Carolina Press, 1946.

Hume, David. *An Inquiry into the Principles of Morals*. New York: E. P. Dutton, 1956.

Hume, David. "Of the Standard of Taste." *Four Dissenations*. New York: Garland, 1970(1757).

Hutcheson, Francis. *An Inquiry into the Original of Our Ideas of Beauty and Virtue*. New York: Garland, 1971.

Isenberg, Arnold. "Critical Communication." *Philosophical Review* 58, (July 1949): 330-344.

Kamins, Herbert. "Reply to Prof. Weitz." *Philosophical Review* 61, (1952): 66-71.

Kant, Immanuel. *Critique of Judgment*. Indianapolis: Hackett, 1987.

Kivy, Peter. "Aesthetic Aspects and Aesthetic Qualities." *Journal of Philosophy* 65, (1968): 85-93.

Kivy, Peter. *Francis Hutcheson: An Inquiry Concerning Beauty, Order, Harmony and Design*. Hague: Martinus Nijhoff, 1973.

Langer, Suzanne. *Feeling and Form.* London: Scribners, 1953.

Langer, Susanne. *Philosophy in a New Key.* Cambridge, MA: Harvard University, 1951.

Loftin, Robert. "Psychical Distance and the Aesthetic Appreciation of Wilderness." *International Journal of Applied Philosophy* 3, (1986): 15-19.

Mandelbaum, Maurice. "Family Resemblances and Generalization Concerning the Arts." *American Philosophical Quarterly* 2, (1965): 219-228.

Margolis, Joseph. "Aesthetic Perception." *Journal of Aesthetics and Art Criticism* 19, (1960): 209-214.

Margolis, Joseph. "Describing and Interpreting Works of Art." *Philosophy and Phenomenological Research* 21, (1961): 537-542.

McCloskey, Mary. *Kant's Aesthetic.* Albany: State University of New York Press, 1987.

Mitias, Michael. "What Makes an Experience Aesthetic?" *Journal of Aesthetics and Art Criticism* 41, (1982): 157-169.

Moore, G. E. *Principia Ethica.* Cambridge, UK: Cambridge University Press, 1903.

Morgan, Douglas. *"Creativity Today."* *Journal of Aesthetics and Art Criticism* 12, (1953): 1-23.

Morgan, Douglas. "Must Art Tell the Truth?" *Journal of Aesthetics and Art Criticism* 26, (1967): 17-27.

Mothersill, Mary. "Critical Reasons." *Philosophical Quanerly* 2, (1961): 477-485.

Nietzsche, Friedrich. *Birth of Tragedy and the Case of Wagner.* Walter Kaufman, trans. New York: Random House, 1967.

Osborne. Harold. "The Elucidation of Aesthetic Experience." *Journal of Aesthetics and Art Criticism* 23, (1964): 145-152.

Papanoutsos, E. "The Aristotelian Katharsis." *British Journal of Aesthetics* 17, (1977): 361-364.

Plato. *Ion* in *Two Comic Dialogues*. Indianapolis: Hackett, 1983.

Plato. *Th e Republic* (particularly Books Ⅱ, Ⅲ, and X). Oxford: Oxford University Press, 1941.

Plato. *The Symposium* included in *The Collected Dialogues of Plato*. Edith Hamilton and Huntington Cairns, eds. Princeton, NJ: Princeton University Press, 1961.

Price, Kingsley. "Is There Artistic Truth?" *Journal of Philosophy* 46, (1949): 285-290.

Puffer, Ethel (Howes). *The Psychology of Beauty*. New York: Houghton Mifflin, 1905.

Santayana, George. *The Sense of Beauty*. New York: Collier Publishing, 1961.

Schlesinger, George. "Aesthetic Experience and the Definition of Art." *British Journal of Aesthetics* 19, (1979): 167-176.

Schopenhauer, Arthur. *The World as Will and Idea*. London: Routledge & Kegan Paul, 1896.

Shaftesbury, Anthony. *Characteristics of Men, Manners, Opinions, Times*. New York: Bobbs-Merrill, 1964.

Sheppard, Anne. *Aesthetics: An Introduction to the Philosophy of Art*. Oxford, UK: Oxford University Press, 1987.

Sibley, Frank. "Aesthetic and Non-aesthetic." *Philosophical Review* 74, (1965): 135-159.

Sibley, Frank "Aesthetic Concepts." *Philosophical Review* 68, (1959): 421-450.

Stecker, Robert. "The End of an Institutional Definition of Art." *British Journal of Aesthetics* 26, (1986): 124-132.

Stevenson, Charles. "Interpretation and Evaluation in Aesthetics." Max Black, ed. *Philosophical Analysis*. Ithaca: Cornell University Press, 1950.

Stolnitz, Jerome. *Aesthetics and Philosophy of Art Criticism*. New York: Houghton Mifflin, 1960.

Stolnitz, Jerome. "'The Aesthetic Attitude' in the Rise of Modem Aesthetics. " *Journal of Aesthetics and Art Criticism* 36, (1978): 409-422.

Stolnitz, Jerome. "On the Origins of ' Aesthetic Disinterestedness'. " *Journal of Aesthetics and Art Criticism* 20, (1961): 131-144.

Stolnitz, Jerome. "On the Significance of Lord Shaftesbury in Modem Aesthetic Theory. " *Philosophical Quarterly* 11, (1961): 97-113.

Stolnitz, Jerome. "Some Questions Concerning Aesthetic Perception. " *Philosophy and Phenomenological Research* 22, (1961): 69-87.

Tollefsen, O. "The Family Resmblances Argument and Definitions of Art. " *Journal af Metaphysics* 7, (1976): 206-216.

Tolstoy, Leo. *What Is Art?* Indianapolis: Hackett, 1960.

Tomas, Vincent. "Creativity in Art. " *Philosophical Review,* 1952.

Tomas, Vincent, ed. *Creativity in the Arts.* Englewood Cliffs, NJ: Prentice Hall, 1964.

Townsend, Dabney. "From Shaftesbury to Kant: The Development of the Concept of Aesthetic Experience. " *Journal of the History of Ideas* 48, (1987): 287-305.

Townsend, Dabncy. "Shaftesbury's Aesthetic Theory. " *Journal of Aesthetics and Art Criticism* 41, (1982): 205-213.

Tsugawa, Albert. *The Idea of Criticism.* Philadelphia: Pennsylvania State University Press, 1967.

Urmson, J. O. "What Makes a Situation Aesthetic?" Joseph Margolis, ed. *Philosophy Looks at the Arts.* New York: Scribner's, 1962.

Walsh, Dorothy. "The Cognitive Content of Art. " *The Philosophical Review* 52, (1943): 433-451.

Walton, Kendall. "Categories of Art. " *Philosophical Review* 79, (1970): 334-367.

Weitz, Morris. "Criticism without Evaluation. " *Philosophical Review* 61, (1952): 59-65.

Weitz, Morris. *The Opening Mind.* Chicago: University of Chicago Press, 1977.

Weitz, Morris. "Reasons in Criticism. " *Journal of Aesthetics and Art Criti-*

cism 20, (1962): 429-437.

Weitz, Morris. "The Role of Theory in Aesthetics." *Journal of Aesthetics and Art Criticism* 15, (1956): 27-35.

Weitz, Morris. "Truth in Literature." *Revue Internationale de Philosophic* 9, (1955): 116-129.

Wittgenstein, Ludwig. *Philosophical Investigations.* New York: Mac-Millan, 1973.

Ziff, Paul. *Antiaesthetics.* Dordrecht: Reidel, 1984.